閒適哲學

從詩酒書畫中，以閒情繹古今

過常寶 著

詩詞歌賦 × 清談雅集 × 琴棋書畫 × 服飾裝扮 × 園林戲曲

解讀中國古代文化的多種面貌與深層意義

【一本書重現古代文人的生活風貌和精神追求】

以詳實的歷史文獻、豐富的文人事跡為基礎

描繪「閒情」如何貫穿於古人的日常生活與精神世界中

闡述獨特閒情文化現象如何影響和促進文學與藝術的發展

目錄

目錄

目錄

第一章　情之爲情，何爲閒情

第一節　我心本已閒——個人的閒情

閒情來自休閒文化

閒情逸致是華人特有的休閒文化，幾千年的習俗和風氣都透露出人們對閒暇時光的渴求與滿足。文人雅士享受閒適生活時，追求雅趣，表現在字裡行間的是一種滿足和喜悅，一直被人們嚮往和模仿。從吟詩、讀書、醉酒、品茶到清談悠遊；從讀萬卷書行萬里路，到縱情山水回歸田園；從崇尚琴、棋、書、畫、金石、篆刻，到鍾情花、鳥、蟲、魚、收藏古玩。這種閒適與閒情將文人伸展靈性、用情山水、不屑功名、拋棄世俗的灑脫性格表現到了極致。當然，不僅古代文人和現代知識分子有這種心理體驗，當今社會，人們在工作之餘的閒暇時光，也會追求多彩多姿的雅趣，尋找自我撫慰的寄託。

著名田園詩人陶淵明所作的〈閒情賦〉，將「閒情」進一步帶入文人寫作題材之中，也使得「閒情」一詞更加為大眾所了解。白居易為自己的詩歌編集時專門分出「閒適詩」一類，主要為描寫個人感情的「吟玩性情」之作。「老更諳時事，閒多見物情」，閒情之所以為「閒」，正因為這種情感與家國大事往往並無關係，而是以閒情逸致為中心，更重視人作為生命個體存在的意義，而不與名利相關，在中國傳統文化的薰陶下，閒情文化形成了平和淡然、超然物外的風格，因此容易引起人們的共鳴和嚮往。

「黃金難買一生閒」，在閒暇時光中，人們可以思考人生、排遣心緒，能夠駐足欣賞自然或生活中的美，將情感寄託在這些美好的事物之上。這不僅是一種感情，更是一種生活態度。

閒情的主體是個人，因為「閒」代表了個人能夠自由支配的時間。追求閒暇、享受閒暇、描述閒暇成為人們休閒生活的主體，閒情便悄悄地產生了。人們往往意識不到自己對閒情的追求，卻下意識的已經這樣做了。當人們在假期出門遊玩，為沿途的一株野花、一粒野果駐足驚嘆之時，閒情已經悄悄地在他們心中綻放。它超越了人最基本的生存需求，使得人們的情感更加豐富，生命更加完整。韓奕〈柳梢青梁溪道中〉中有這樣的句子：「柳暗花明，江村小路，微雨才晴。一個扁舟，盡容漁叟，到處閒情。」這種將情緒寄託在山水風景、日常娛樂，甚至文字之中的過程，就是閒情產生和保存的過程。

閒情文化本質上是人類精神文明的一種，對傳統文化的形成和發展造成了不可忽視的作用。例如中國古代田園山水詩人將閒情寄託山水田園之上，置身自然之中欣賞原生萬物，體會心靈的平靜和安適，培養寧靜淡泊的精神。他們在享受生活的同時創作了一大批性耽山水的詩文，為古代文學注入了新的活力。在審美休閒基礎上發展的雕刻藝術、園林藝術、剪紙藝術等，都是在閒暇之餘對美的追求，為藝術的豐富做出了極大貢獻。

閒情的心靈感受

古代百姓不像文人官員那樣有錢，平日生活所需都是自己辛苦勞動所得，沒有或少有精力享受閒情，但這並不代表他們沒有閒暇和娛樂。男子平日辛苦勞作，返家之後或小酌幾杯，或三五好友打牌閒聊，都是很好的休閒方式。女子平日打理家務，哺育孩子，養雞餵鴨，閒時與鄰里家人聊天，與孩子玩樂，也都是休閒。

老百姓的悠閒生活雖然令他們樂在其中，但休閒只能是生活的一部分，而不可能成為生活的全部，否則就會失去生活來源，成為被人鄙視的遊手好閒之人。《紅樓夢》中的賈寶玉曾被薛寶釵戲謔為「富貴閒人」，只因寶玉從不知柴米油鹽的瑣事，完全無須為生活操心，更不關注經濟仕途。他擁有大把時間和精力消遣遊戲，寫詩作賦，進行種種「不務正業」的行為。可見閒情需求一定的經濟基礎。只有當人們不需求為生存忙碌奔波之時，才能有閒暇時間進行娛樂消遣，抒發閒情。因此，在中國古代，文人官員更有條件追求和體會閒情。

有人認為，中國古代文人的閒情是脫離生活實際的，與一般人的生活並不相干。一些古代文人確實追求閒情到了比較極端的程度。他們消極遁世，遠離世事，隱居在山林原野之中，飢餐渴飲，以此來追求內心的安寧。但是這種完全避世的態度是非常少見的。更多的是如陶淵明那樣回歸田園，回歸自給自足的簡單生活，以此遠離朝廷官場之上的爾虞我詐和烏煙瘴氣。

這種隱逸思想對文人影響深遠，甚至可以說，每個人的內心深處，都有一個田園夢。但是這種對田園的追求一般只存在於人們的想像之中，而且經過人為的美化，很難實現。實際上，閒情的關鍵並不在於行動，而在於人的心境中是否存在這種情感。文人閒情之於官員，一般只是附庸風雅的方式；而對於百姓而言，也不過是生活的調劑。一般百姓絕不會因為嚮往風花雪月，而放棄辛勤勞作的踏實生活。對他們而言，著眼於目前生活，在誠實勞動的同時享受家庭溫暖就是幸福的。「努力加餐飯」這句詩就是對古代老百姓閒情生活的貼切描寫。

簡單來說，一個人一生的活動主要由勞動與閒情兩大部分組成。勞動能夠創造財富，成為人們的生活來源。而閒情則使人藝術化地使用財富，享受生活。隨著工作效率的提高，人們的勞動時間逐漸減少，因而獲得了更多的閒暇時光，可見生產發展為閒暇提供了空間。而人們透過抒發自身閒情，更好地享受生活，則為生產的繼續發展提供了動力與保證。這無疑是一種良性循環。只是無休止地勞動而不懂得享受生活的人，與無所事事遊手好閒的懶散之人，分別走入了生活誤區的兩個極端，失去了做為人的樂趣和價值。所以，「閒情」並不是簡單的懶散，而是一個人在自己的閒暇時間中，能夠做平時想做卻沒有時間、心境做的事情，並且樂在其中。人生最美好的事情之一便是「偷得浮生半日閒」。閒情能夠將人們從機械的、忙碌的事情中暫時解脫出來，回歸怡然安寧的生活情調，感悟生命的美好。

在當代社會中，由於封建社會的階級觀念和階級劃分已經被打破了，雖然貧富差距依然存在，但是社會各階層的人都能夠享受閒情。如今，閒情文化依然有雅俗之分，仍然包括文人閒情和大眾閒情兩個部分，但顯然已沒有古代那麼明顯的區別了。現在的文人也樂於享受世俗娛樂，百姓也擁有雅興逸致，二者已逐漸融合。閒暇之時，有人願意舞文弄墨，有人願意面對鍋碗瓢盆，有人願意出遊漫步，也有人願意在室內讀書。人們對於閒情的理解可能有所不同，這與他們各自的興趣密不可分。雖然不是每個人的閒情都能被他人所認同和理解，但是人們在閒情活動中所獲得的愉悅是一樣的。

人們感受閒情的來源是自然和生活，例如養花種草、練字繪畫、作詩寫詞等，最終形成閒情文化。閒情為原本乏味的人生帶來色彩，它能夠激發人的興趣和潛能，在吟詠詩歌、遊覽山水或者精研美食上花費大量的時間，最後不僅僅能夠獲得個人價值的滿足，還能為全人類的精神生活增添一抹亮眼的色彩。古人閒情追求內心的滿足，重視細膩的內在體會，而非強烈的感官刺激，這種閒情平和、內斂和獨立，對現代人影響至深。

閒情表現在人生態度上是一種自覺。人活著的意義是什麼？這個問題已經有千百位哲學家探討過，至今仍沒有所謂權威的定論。閒情則如同生活的調味和顏料，讓乏味平淡的生活更具味道和色彩。如嚴監生、葛朗臺（Eugénie Grandet）那樣一生吝嗇，以積攢財富為唯一的樂趣，雖然富裕又有何用？無論是精神上還是物質上他們並沒有過上富足生活。而如陶淵明者，「不為五斗米折腰」，遠離朝廷，遠離自己厭惡的官場，過著「採菊東籬下，悠然見南山」的自在生活。雖然物質上並不富足，精神上的滿足和快樂卻無可比擬，成為無數後人效仿的楷模。這兩種人生態度不禁讓人進一步思考人生的意義與價值，「從心所欲不踰矩」地過上理想的生活，才是人們追求的完美人生。

第二節　歡愁有閒情——閒情的類別

閒情的審美基礎

閒情是屬於個人化情感，也是一種審美愉悅。每個人都有愛好，例如飲食、琴棋、書畫、戲曲等，因為這些活動和事物能夠為人們帶來美好的享受。在人們享受愉悅的同時，也會自覺或不自覺地促進這些藝術的發展。每一個人的閒情都有不同的關注點和著眼點，有的側重藝術，有的側重觀賞，有的側重消遣。只要有閒暇時間，人們就可能產生閒情和閒情文化。作為一種文化現象，閒情遍布各個民族與階層，雖然可能各有區別，但是從總體上來說，超越了基本的生存本能，並為人所刻意追求的情趣即可稱為閒情。例如，不同國家有不同的飲食文化，在中國除了八大菜系，更以茶酒之道聞名遐邇。這其中的種種情趣將在下文細說，此處不再贅述。

閒情的存在是普遍的，一般以審美為起點。人們從忙碌生活中抽出閒暇時間，去發現和欣賞自然、生活中的美，這種行為就是閒情推動的。閒情文化從某種程度上來說與審美文化非常接近，對美的渴望和追求造就了人們對生活、自然中各個小細節的欣賞。在古人詩文、隨筆、小說，甚至傳說之中，處處都有對美的追求和玩味。閒情主要以生命感悟為根本，也可能表現為歡欣愉悅，可能表現為哀愁孤寂，同時也不免受到自然和社會的影響，周密在〈少年遊〉中寫道：「花外琴臺，竹邊棋墅，處處是閒情。」中國古代文人官員有各種消磨、利用閒暇時間的方式，吟詩、作畫、撫琴、練字、讀書、飲酒、美食、養花逗鳥及遊山玩水等，不僅能夠陶冶性情，更能培養自身才華。文人士官員並不僅僅將這些活動視為簡單的消遣，而是講究技巧、情調、精緻和美感。這對調節生活的忙碌與浮躁、修身養性具有非常積極的意義。

奈何閒愁之情

閒情並不只是閒適悠然，還包含了多方面的情感。其中一種便是奈何閒愁之情。歐陽脩有云：「人生自是有情痴，此恨不關風與月」，一針見血地解釋了情與愁的「閒」的特徵。所謂閒愁，無關家國大事，也無關民族興亡，而是來自個人遭遇、傷懷引起的情緒。著名詞人賀鑄在代表作〈青玉案〉中寫下千古名句：「試問閒愁都幾許，一川煙草，滿城風絮，梅子黃時雨。」雖然菸草連天，風絮飛舞，梅雨連綿，讓人感覺非常惆悵，但這幾句意境悠遠，十分具有美感。這首詞說的是詞人賀鑄在路邊偶遇一位女子，一見傾心，二人卻只是萍水相逢，賀鑄不可能追隨佳人而去，只能「但目送、芳塵去」。這一縱即逝的相遇引發了詞人滿腔的閒愁，不知女子的人生是快樂還是孤寂，有無良人相伴？是否有人理解她的內心世界？於是詞人的憂思伴隨暮春的飛絮化作漫天細雨，用字字相思紀念這還未開始就已經結束的情感。這樣的愁緒甚至與詞人本人的生活無關，只是詞人將自己的閒愁記錄在案，留下美麗而帶有淡淡哀傷的情境，讓人欣賞，也讓人輕嘆。

閒愁的產生有很多原因，可能因為離別，可能因為季節變換，可能因為情感受挫，也可能只是人們正處在心情的低谷。常常感受到閒愁的人往往擁有敏感細膩的內心，或處在失意之中的人，連慷慨豪放的辛棄疾都發出過「閒愁最苦」的感嘆。李清照以「一種相思，兩處閒愁，此情無計可消除，才下眉頭，卻上心頭」之句表達與丈夫分離的傷懷。少年夫妻兩地分隔，濃情蜜意一時阻隔，雖然時日不長卻分秒想念。相信這種感覺很多人深有體會，但是在李清照筆下，這種閒愁是節制而優雅的，非常內斂含蓄。

奈何閒愁之情雖然具有消極的一面，表達的卻都是人之常情，很容易引發共鳴，因此在詩詞之中描寫閒愁的句子屢見不鮮。人生不如意十之八九，產生憂愁在所難免，曹植在〈釋愁文〉中寫道：「愁之為物，唯恍唯惚，不召自來，推之弗往，尋之不知其際，握之不盈一掌。寂寂長夜，或群或黨，來去無方，亂我精爽。」人生苦短又漫長，要經歷無數的挫折坎坷，因此閒愁的產生根本不受人的控制。《紅樓夢》中黛玉葬花，因見花朵凋零而心生感傷，可以說是無端而來的閒愁，卻成為小說中最經典的淒美鏡頭之一。雖然愁緒總能引人共鳴，無比感人，即使只是個人的傷情，也無須陷入愁緒之中無法自拔。所謂「閒愁」，即使帶有內心的淺淺憂傷，表現出來卻是美麗而克制的，並非放任自己的情緒或一蹶不振。

流連光景之情

另一種閒情則表現為流連光景之情。尤其是在古代，很多地區尚未開發，環境沒有受到汙染和破壞，自然之美隨處可見。自然養育了我們的祖先，也在人們心中種下酷愛山水風景的種子。而時間更是人們難以把握的，它飛速流逝，帶走人的青春和生命，時間對待每一個人都非常公平，也不免讓人們感慨萬千。人們對時光易逝的感嘆和自然風景的讚美從來沒有停止過。

據葛洪的《神仙傳》記載，漢恆帝時，神仙王方平來到蔡經家中飲酒，不久仙女麻姑也來了。在席間交談之中，麻姑提到自己自從接受天命成仙之後，已經親眼見過三次東海變為桑田，現在蓬萊海水已經比以前淺了許多，難道又要變成陸地了嗎？這便是「滄海桑田」的傳說。仙人的不老不死，是人們的終極嚮往，滄海變成桑田，代表世間萬物的變化流轉。當時，自然、時間的力量對人們來說是無比神祕而偉大的。這雖然是傳說，但足以見到古人的智慧、想像以及他們流連光景的情感。

人們對時光的敏感可謂與生俱來。因為人類自古以農耕為主，天時地利人和之時，老百姓才能有好的收成和好的生活。因此人們非常關注天氣、季節和物候變化，並形成了代代相傳的曆法經驗和節氣理論。春花秋果，春榮秋枯，就如同一個人的一生，自童年、少年、青年、中年，直至老年。這種「人生一世，草木一秋」的規律無可改變，「沉舟側畔千帆過，病樹前頭萬木春」的週期變化也讓人感受到四時推移，生命流逝的傷感。「花無再開日，人無再少年」，因此古代文人常常抓住自己在日常生活體驗中對時光和自然景物的感情，並將這種感情融入文學作品之中，寫出感時傷懷之作，表達流連光景之情。馮延巳的〈鵲踏枝〉即是典型的流連光景、感懷閒情之作：

誰道閒情拋擲久，每到春來，惆悵還依舊。日日花前常病酒，不辭鏡裡朱顏瘦。河畔青蕪堤上柳，為問新愁，何事年年有？獨立小橋風滿袖，平林新月人歸後。

此處的「閒情」乃是對時間已逝、物是人非的感嘆之情。春天到來之時，百花齊放卻在風雨之中迅速飄零，不斷長出的新葉卻引發詞人莫名的惆悵。這種以傷春悲秋為主題的詞極其常見，已經形成一大類。傷春悲秋的背後，是對生命無常的反思和嘆息。

蘇東坡曾作〈記承天寺夜遊〉，是對流連光景之情的最好註解。夜間月色入戶，本來已經要解衣睡下的蘇東坡見到此景欣欣然出門了。這樣美好的月色自然要尋找一位知己共同欣賞，於是東坡來到承天寺找到了還未休息的友人張懷民。二人一起在承天寺的庭院中漫步，只見「庭下如積水空明，水中藻荇交橫，蓋竹柏影也」。這樣如水般傾瀉的月色清亮迷人，卻只有如東坡、懷民這樣為景色心動而流連光景之人才有幸欣賞：「何夜無月？何處無竹柏？但少閒人如吾兩人者耳。」東坡此時被貶黃州，有職無權，十分清閒，所以自稱「閒人」，雖有自嘲之意，但更多的是說自己是有閒情雅致欣賞美景之人。黃州時期東坡雖然仕途失意，卻創作了大量傑出的詩文，取得了很高的文學成就，這與他積極培養和發展自身閒情密不可分。

遊戲消遣之情

最為常見和為人所接受的閒情是遊戲消遣之情。通俗地說就是悠遊玩樂，有人喜好把玩古董，有人喜好閱讀「閒書」，有人最愛彈琴作畫，有人喜歡工夫茶。三五好友聚集一堂，或去野外漫步，或在室內飲酒言歡，或互相調侃取樂，都是遊戲消遣的表現。古人雖然沒有網路、電子遊戲，卻發明了無數玩樂的方式，雖然有的很有博弈性質，但其實更偏重娛樂。古代女子喜好「鬥百草」，比較誰的花草更美，品種更奇特，有時還戴在頭上展示。《紅樓夢》中「呆香菱情解石榴裙」一節，就生動詳細地描寫了女子鬥草的情形，眾人鬥草玩得興起，各自攀比自己改採的花花草草，爭論起來甚至滾成一團，可見她們遊戲之時的全情投入。

外面香菱、芳官、蕊官、藕官等四五個人，都在滿園中玩了一回，大家採了些花草，坐在花草堆中鬥草，這一個說：「我有觀音柳。」那一個說：「我有羅漢松。」那一個又說：「我有君子竹。」這一個又說：「我有美人蕉。」這個又說：「我有星星翠。」那個又說：「我有月月紅。」這個又說：「我有《牡丹亭》上的牡丹花。」那個又說：「我有《琵琶記》裡的枇杷果。」眾人沒了，香菱便說：「我有夫妻蕙。」荳官說：「從沒聽見有個夫妻蕙。」香菱道：「一箭一花為蘭，一箭數花為蕙。凡蕙有兩枝，上下結花者為兄弟蕙，有並頭結花者為夫妻蕙。我這枝並頭的，怎麼不是。」

古代最早開始流行的文字遊戲是「射覆」，可供多人同時來玩。射覆來自古代《易經》學習者，他們為了提高和顯示自己的占卜技能，覆者用容器或布覆蓋某一個物件，射者透過占卜等途徑猜測其中是什麼東西。《漢書．東方朔傳》曾有記載：「上嘗使諸數家射覆。」顏師古注曰：「於覆器之下而置諸物，令暗射之，故云射覆。」由此可見，漢代時期皇宮中已經流行射覆遊戲。射覆所藏之物大都是一些生活用品，如手巾、扇子、筆墨、盒罐等等。

南朝蕭梁時代，一次宴會上，梁武帝蕭衍叫尚書僕射沈約作覆讓大家射。沈約就背著眾人把一隻老鼠裝進一個匣子獻了上去。當時是八月庚子日巳時，由梁武帝起卦，他先把自己占得的內容寫好收起來，叫其他人都來射。除梁武帝在外，還有九個人參加射覆。大家都做出自己的判斷並寫在紙上後，沈約先讀了梁武帝的占詞，梁武帝猜匣子裡是一隻被捉住的死老鼠。再讀另外八個人的射覆詞，都沒有射中。最後，沈約把闖公的占詞打開，發現寫的是四隻老鼠。打開匣子一看，卻是一隻活老鼠。因為梁武帝射為一隻死鼠，大臣們覺得失了他的面子，就責問闖公說：「你不是說有四隻老鼠嗎？為什麼只有一隻呢？」闖公說：「剖開它的肚子就知道了！」但是梁武帝一生篤信佛教，更曾三次出家，自然不願做這種殺生之事，事情就只能暫告一段落。只能等到老鼠死後，剖開老鼠肚子一看，正懷著三隻小老鼠，可見闖公的答案其實是絲毫不錯的。

射覆這種遊戲，看起來好像是猜謎，其實它不是猜出來的，而是用易經卜卦占出來的。《西遊記》中唐僧三人行至車遲國，與鹿力、虎力、羊力三位「大仙」鬥法，把東西放進櫃子裡讓人猜，就是射覆的一種。只不過孫悟空不懂易經，而是鬥法獲勝，倒是不如古代占卜猜物讓人覺得神祕。

《紅樓夢》中寶玉過生日，宴飲時玩遊戲大家抽中了「射覆」遊戲，卻不太受歡迎。原因就是射覆很難，需求以詩詞文章俗語中的句子作為射覆內容，對於沒什麼學問的女孩子們自然沒什麼吸引力。只有比較有學問的人才能對射覆遊戲得心應手，心領神會。

（眾人拈鬮兒拈出了「射覆」遊戲）寶釵笑道：「把個酒令的祖宗拈出來，射覆從古就有的，如今失了傳，這是後人纂的，比一切的令都難。」

寶琴一擲，是個三，岫煙、寶玉皆擲的不對，直到香菱方擲了個三。寶琴笑道：「只好室內生春，若說到外頭去，可太沒頭緒了。」探春道：「自然。三次不中者罰一杯。你覆，他射。」寶琴想了一想，說了個「老」字。香菱原生於這令，一時想不到，滿室滿席都不見有與「老」字相連的成語。湘雲先聽了便也亂看，忽見門框上貼著「紅香圃」三個，便知寶琴覆的是「吾不如老圃」的「圃」字。見香菱射不著，眾人擊鼓又催，便悄悄的拉香菱教他說「藥」字。

下則寶釵和探春對了點子。探春便覆了一個「人」字。寶釵笑道：「這個『人』字很泛。」探春笑道：「添一字，兩覆一射也不泛了。」說著，便又說了一個「窗」字。寶釵一想，因見席上有雞，便射著他是用「雞窗」、「雞人」二典了，因射了一個「塒」字。探春知他射著，用了「雞棲於塒」的典，二人一笑，各飲一杯。

《紅樓夢》中對古人的閒情遊戲進行了很多細緻的描寫，如聯句作詩、占花名、雪地燒烤、飲酒行令等，非常具有官人家庭的生活情趣，也反映了當時富貴之家普遍的遊戲逍遙之樂。

在中國，不同朝代往往會流行不同的遊戲。春秋戰國時期官人宴飲之時好玩投壺，就是將箭投入壺中，但很講究禮儀。《禮記．投壺》說：「投壺者，主人與客燕飲講論才藝之禮也。」兩晉時期官人間流行「曲水流觴」，這是從古代上巳節衍生的習俗。從漢代開始，政府規定夏曆三月的第一個巳日為上巳節，人們在這一天沐浴除垢，驅除不祥。大家坐在水渠或小河邊，將酒杯從上游漂浮在河面上，酒杯漂到誰的面前，誰就要作一首詩，如果作不出就要飲酒，非常風雅。

唐人喜歡打馬球，連皇室也熱衷於這種強身健體的運動，現在故宮博物院還藏有遼朝陳及之繪製的〈便橋會盟圖〉，圖中描繪了唐太宗李世民與突厥頡利可汗在長安西渭水便橋會盟之時的一場馬球比賽，場面非常激烈。春秋時期就出現的蹴鞠遊戲在宋代最為繁榮，宋徽宗趙佶就是一個超級蹴鞠迷，當時的球場上常常出現「球不離足，足不離球，華庭觀賞，萬人瞻仰」的盛況。除此之外，古代還流行很多博弈類遊戲，如雙陸等棋類遊戲，擲盧（類似擲骰子）等投擲類遊戲。

北宋文學家王安石，博學多才，不但能詩善文，而且還是創作謎語的高手。關於他的猜謎故事，至今還為人們津津樂道。王安石與好友王吉甫，兩人經常在一起思索詩文。一日，他們在書房興致勃勃地猜起了謎語。王安石說：「畫時圓，寫時方，冬時短，夏時長。」王吉甫沉思了一會兒就猜到了答案，但是他並不直接說出謎底，也吟起詩來：「東海有條魚，無頭也無尾，更除脊梁骨。」兩人的謎底都是「日」，說得王安石連聲叫好。

蘇軾好友秦少游也是喜愛猜謎的行家。傳說有一天，秦少游和蘇氏兄妹在一起閒談，忽聽遠處傳來一陣木匠鋸木和砍木的聲音，不由得觸動了他的「謎興」，便對東坡兄妹說道：「我有一間房，半間租給轉輪王，有時射出一線光，天下邪魔不敢當。」蘇小妹想了一下，也用一條謎語回覆說：「我有一隻船，一人搖櫓一人牽，去時拉縴去，歸時搖櫓還。」蘇東坡聽罷，笑著說：「你們兩位一個有房，一個有船，愚兄寒酸了。我有一張琴，一根琴弦腹中藏，為君馬上彈，彈盡天下曲。」說完，三人同時大笑起來，原來三人的謎是一個謎底：墨斗。

對於身在官場的文人官員來說，假日便是他們集體悠遊、抒發閒情之時。早在漢代就有例行休假的制度，給官員們提供休閒玩樂的時間，稱為「休沐」。規定每辦公五天，官員們可以休息一天。到唐代改成了十天一休，稱為「旬休」，並且一直延續到宋代「十旬休假，勝友如雲」。元代有十六個法定節假日，明清時期除了法定的節假日，還多了長達一個月左右的春節和冬假。雖然各個朝代官員的休假長短不一，但是隨著經濟的發展，官員們的休閒生活愈加豐富，品質和品味也得到了一定的提高，正所謂宋代詞人曹冠在〈江神子．南園〉描寫休閒遊樂之景：「飛蓋南園，遊賞賦閒情」。文人結伴悠遊，欣賞風景，吟詠「閒情」，收穫閒趣，為閒情文化添上了濃墨重彩的一筆。

第三節　清影照閒情——閒情的表現

生活處處有閒情

閒情分三種，第一種是面對自然的審美，人透過對動植物、風景等的欣賞而達到與自然的和諧，中國古代所追求的「天人合一」正是對自然認知的最高境界。在這種情況下，人們容易將自身情感與自然景物相結合，從而達到「感時花濺淚，恨別鳥驚心」的效果。當然，自然之美需求用美好的心境去欣賞。

有人說古人已經把漢語用到極致了，現代人重溫古人觀賞美景的心情之時，想到的也多是古人曾經說過的話。當人們登臨山頂，俯瞰眾生之時，總會有「一覽眾山小」的豪氣；當人們置身一葉扁舟漂流在大海中時，總會有「海納百川，有容乃大」的感覺；當人們走進遼闊的草原時，腦中會禁不住浮現「天蒼蒼，野茫茫，風吹草低見牛羊」的句子。自然的魅力讓有心人學會品味和感悟，當人將心神投入其中時，就會發現萬物皆有生命，一草一木都含情脈脈。古人不像現代人會面臨那麼多誘惑，也沒有那麼浮躁的心態，他們更願意也更有閒情和資源感悟自然。世間生物皆符合自然規律，春夏秋冬、陰晴圓缺、悲歡離合乃至生老病死，都是自然規則，既引發人的思考，也觸動人的閒情。

第二種是人在社會生活中的體會感知。對於個人來說，由生活中遇到的某人某事引發心緒，進而抒發閒情是非常自然的行為。平時見到街邊甜蜜的情侶，人們會感慨愛情；看到喧鬧的孩子們，會回想自己的童年；遇到白髮蒼蒼的老人，會想像自己年老之時的相貌……平日生活中遇到的人、事、物，都可能觸發人們的聯想和思考。在以人為主體構成的社會中，人與人的交流和溝通是必然的。不同的人群形成各種集體，組成社會，同一集體中的人所擁有的閒情往往也會具有共同的特點。人口構成多樣的地方，在豐富的社會環境中培養的閒情也是非常多樣的。

第三種則是個人的內心世界，這是非常個人和隱私的情感體會。這種感受的過程不僅能夠幫助人們進一步認識他人，也能夠加強對自身的認識。各種景物、事件，甚至語言都能夠成為人們藉以述說自己豐富內心的寄託，而「寄託」也是抒發閒情的重要方式之一。每個人都有屬於自己的情感，愛家之人將感情放在家庭，愛書之人將感情寄託在書裡，愛寫作之人將感情流露在字裡行間。人們將情感寄託在自己重視的人、事、物之中，由此獲得心靈的充實和滿足。一旦失去情感寄託的對象，生命就會變得空洞和失落。閒情也是一樣。

古代政治家族的女子在年老無事之時，往往將閒情投入在唸誦佛經、閱讀佛書之中，以此保持心態的平靜，探索生命的真諦。宋代林逋獨自隱居在杭州，以植梅養鶴自娛。傳說他無妻無子，孑然一身，將所有的閒情都寄託在與自己相伴的梅樹、仙鶴身上，因此人稱「梅妻鶴子」。在這樣的閒情推動下，他寫出了「疏影橫斜水清淺，暗香浮動月黃昏」的詠梅經典。

自古至今，人們在自我意識的支配下，感悟著由自然和社會所生的閒情，這種情感與文化進行碰撞之後，透過文人的筆觸，產生了一系列文學作品，形成了一種文化傳統，從而構成了整個閒情文化。

追求品質的生活閒情

閒情在生活實踐中大致有兩種表現，一種表現是人們對生活品質要求的提高，不僅表現在物質上，更與人們的精神追求相關。當基本的生存需求得到滿足之後，人們在有限的閒暇時間和金錢允許範圍之內，往往傾向於追求更精緻舒適的生活。孔子曾云：「食不厭精，膾不厭細。」這種對高品質生活的追求不僅在於飲食，而是遍布生活的各方面，已經表現為生活態度，更是一種審美取向。

就說古人日常生活中的薰香一事。古人特別是貴族階級，對自己以及周圍環境的氣味非常重視，都很講究在衣被上進行薰香。古代具體製作香的過程非常複雜，追求焚香時沒有煙塵而香味悠遠。因此，製作香爐以及焚香的步驟也非常考究。古人尤其女子喜歡將衣服放在薰籠上，讓衣服慢慢被香氣浸潤。她們在薰籠下放上熱水，等到衣服微微受潮之後，撤去熱水，點上薰爐，開始薰香。所謂「藕絲衫子柳花裙，空著沉香慢火薰」就描寫了薰衣的畫面。古人就寢時使用的臥具也要薰香，使它們散發怡人的香氣。所以又有專門放在床上的薰籠，而「紅顏未老恩先斷，斜倚薰籠坐到明」的意象即從此而來。

從流傳至今的古人的生活實用器皿上，也可以看出他們對精緻生活的追求。在原始社會，人們用黏土燒製陶器作為生活器皿；漸漸地，陶器上有了淡淡的色彩和原生態圖案；再繼續發展，瓷器出現了。瓷器對陶器的提升，不僅僅在使用上，更重要的是在美觀上。瓷器豐富的色彩、光潔的外形比陶器更具美感。隨著時間的流逝，技術越來越進步，瓷器由原始的青瓷發展出白瓷、黑瓷、祕色瓷、青花瓷等。這時候瓷器的作用已不僅僅是供人使用的器皿，而成為美麗的裝飾、珍貴的古玩以及收藏的對象。如果古人僅僅滿足於使用粗製的陶器，不將閒情投入在製造更精美的瓷器上，雖然也能滿足日常生活的需求，但是今天人們就不會看到那些美麗的器具，也就不會有如此燦爛的瓷器文化了。一代代勞動人民為了提高生活品質，將智慧與閒情投入生產實踐、發明創造之中，從而產生了今天的燦爛文明。

這種對高品質生活的追求不僅體現在物質上，更體現在精神上。《牡丹亭》中的杜麗娘自小居住在深閨之中，衣食華貴，按理說應該無憂無慮。但在一次「遊園」之後，她被滿園春色引發了一腔閒情春愁，對自由和幸福的愛情充滿了嚮往。杜麗娘在夢中與書生柳夢梅相會、相愛，之後因情而死，卻又因情復生，最終與柳夢梅在人間結為夫婦，完成了對愛情的追求。杜麗娘這種對愛情的嚮往，對自然生命的讚美之情是天生的，並不因外力而消失。她雖然受到封建倫理的束縛和家長的長期嚴格看管，卻仍然擁有強烈的思春閒情，而且最終完成了心願，獲得了愛情，得到了精神上的滿足。

這樣的例子在文學作品中屢見不鮮，也投射出當時人們追求心靈充實的願望，以及為精神滿足做出的努力。除了追求愛情，古代文人為了自己的田園理想與心靈純淨，甚至願意放棄為官的優渥生活，而主動歸隱，在自然中尋求生命的真諦，其中最著名的有介子推、范蠡、陶淵明等。他們的行為也為後人樹立了「不為五斗米折腰」的精神典範。

細微之處見閒情

人們傾向於接近和觀察生活中自己喜歡的事物，閒情的指向使得生活中的細枝末節也能夠被人們觀察到，還常常被有心人寫進文章。清代文人李漁的著名文集《閒情偶寄》的主要內容就是研究生活樂趣，對中國人生活中的各方面進行觀察，成了生活藝術的指南。其中包括居住環境、室內裝飾、庭院整修、女子美容、烹調等，甚至還有富人、窮人的種種行樂之法。李漁用「偶寄」這種比較散漫灑脫的方式，將自己觀察和總結的休閒生活的情趣記錄下來，力求將生活藝術化，同時將藝術生活化。李漁對生活觀察的細緻和深入達到驚人的程度，此處列舉李漁寫「談」的一段話來看他對與人交談的認識：

讀書，最樂之事，而懶人常以為苦；清閒，最樂之事，而有人病其寂寞。就樂去苦，避寂寞而享安閒，莫若與高士盤桓，文人講論。何也？「與君一席話，勝讀十年書。」既受一夕之樂，又省十年之苦，便宜不亦多乎？「因過竹院逢僧話，又得浮生半日閒。」既得半日之閒，又免多時之寂，快樂可勝道乎？善養生者，不可不交有道之士；而有道之士，多有不善談者。有道而善談者，人生希覯，是當時就日招，以備開聾啟聵之用者也。既雲我能揮麈，無假於人，亦須借朋儕起發，豈能若西域之鐘，不叩自鳴者哉？

這段話說的是讀書雖然辛苦，清閒雖然寂寞，但只要與高士文人談論就能夠消除這種辛苦寂寞。在生活中與品德高尚、學識淵博的人交流，才能進一步學習和認知自然生活。同時在清閒之時，不要無所事事，可以與好友交流談心，這樣既能享受清閒，又能免於寂寞。

對於有心人來說，只要擁有閒情，就能化俗為雅，當然，這種境界並非人人都能達到。蘇東坡一生豁達，面對生活坎坷總能泰然處之。晚年時東坡被貶海南，雖然今日的海南已經是個旅遊勝地，但是在一千年前還是個荒涼落後的小島。一日東坡與友人飲酒，沉醉不知歸路，於是向當地人問路：「半醒半醉問諸黎，竹刺藤梢步步迷。但尋牛矢覓歸路，家在牛欄西復西。」幸好有牛屎指引方向，否則一代才子竟無法尋到回家的路，如此可見，牛屎功勞之大。東坡將牛屎這種俗物寫入詩中，可謂古往今來唯一之人了，而且詩句化俗為雅，可見詩人胸中的瀟灑、曠達。因此只要自己心中有閒情，就能將生活中、自然中的各種事物化腐朽為神奇，從而在尋常中生活品出不尋常的美。

沈復在《閒情記趣》中詳細記錄了與妻子陳藝研究插花藝術的軼事，雖然看似只是日常生活小事，卻充滿情趣和溫馨。

余閒居，案頭瓶花不絕。藝曰：「子之插花能備風晴雨露，可謂精妙入神。而畫中有草蟲一法，盍仿而效之。」余曰：「蟲躑躅不受制，焉能仿效？」藝曰：「有一法，恐作俑罪過耳。」余曰：「試言之。」曰：「蟲死色不變，覓螳螂蟬蝶之屬，以針炙死，用細絲扣蟲項系花草間，整其足，或抱梗，或踏葉，宛然如生，不亦善乎？」余喜，如其法行之，見者無不稱絕。求之閨中，今恐未必有此會心者矣。

沈復閒居在家，常在書桌上擺放鮮花，妻子陳藝就提出了自己對插花的認知，認為如果能像畫一樣，將草蟲也放入瓶花之中，豈不更加生動有趣？但是活的蟲子動彈不停，無法固定。正當沈復覺得這種方式不妥之時，陳藝提出可以將蟲子製成標本，擺好造型固定在花間。沈復得此妙計，小試一番之後，果然大受好評。這其實是生活中極小的事，沈復專門記錄下來不僅為了讚美妻子的慧心，還表現了他們二人對生活細節的關注和追求。閒情讓人關心生活細節和生活品質，並透過人們的實踐讓生活更加精緻美好。

第二章　文人閒情的表現方式

第一節　高韻寄閒情——詩詞歌賦

閒情推動詩歌創作

閒情文化的內涵在於追求物質生活與精神生活的滿足，在形式上的表現多種多樣。詩詞歌賦、清談雅集、香茶藥酒、遊覽山水等活動可謂源遠流長，官人為了抒發閒情所創造的這些活動，一般人也會效仿，受到各類人群的喜好和歡迎，成為閒情文化中最具表現力和特點的一部分。尤其是文人特有的精神、氣質、追求和癖好，在這些高雅的文化活動中被發揮得淋漓盡致。

大家都知道中國古典文學中成就最人的就是詩歌，那麼到底詩歌是如何發源的呢？

第一首詩的作者是誰呢？這些問題的答案已經淹沒在歷史的長河中了。現在只有學者們推測出的幾種說法，有的說產生於祭祀，有的說產生於娛樂，影響最大的論斷，是產生於勞動。魯迅先生曾在書中說道，古人們抬木頭抬累了，有人叫道：「杭唷杭唷！」這就是最早的詩歌創作。

雖然這種「杭唷杭唷」的理論看似很奇特，但是有一點是確定的：由於詩歌是表達情感的，在文字還沒有產生的時候，古人們出於抒發情感的需求，已經有了最初的「作詩」行為，之後文字產生了，才有人將比勞動中更複雜的詞句記錄下來，於是有了詩。學者透過對「詩」這個字的字形結構和語義進行考察，發現「詩」就是「志」，志又有三個意義，分別是記憶、記錄和懷抱。因此，「詩」最初的含義，就是人們把心中的情感記錄下來，方便記憶。

隨著詩的形式的不斷發展，從四言到五言，五言到七言，能夠表達的情感越來越豐富，形式也相對「俗」化，詩人們不僅僅賦詩言志，還用詩來表達個人感情。晉代陸機的〈文賦〉中說：「詩緣情而綺靡。」透過陸機的定義可以看出，作詩應該跟隨「情」的表達，同時應該富於文采。這種定義大大擴展了詩歌創作的道路，也大大延長了詩歌的藝術生命。從此以後，由閒情所引起的吟詠山水、描寫人生、歌頌景物等情緒和體悟，都可以透過詩歌進行表達，這類作品也成了詩人們消遣閒情的產物。同時，「吟詩言志」始終貫穿於詩歌創作之中，唐代進士科的「以詩取士」，使得詩賦成為科舉考試的主要內容，進一步推動了詩歌形式的正統。「言志」與「緣情」成為詩歌寫作的兩種派別，前者重視詩歌的教化作用，後者強調詩歌的抒情特點。

除了體式格律嚴謹的詩歌之外，漢魏六朝文人還創造了不少雜體詩，這些詩將字形、句法、聲律和押韻方式進行特殊變化，成為很有趣味的作品，而且大多以文字遊戲為形式，表現了文人在詩歌寫作方面的巧思和趣味。其中人們最為熟悉的一種就是藏頭詩，藏頭詩一般是指一首詩的每一句開頭有意使用一個特殊的字，每一句的首字相連，可以表現特殊的含意，但不影響整首詩的意義。寫得好的藏頭詩意蘊悠長，形式特別有趣，讀來妙趣橫生。藏頭詩中的「藏」才是主題，同時要求詩本身意境優美，足以讓人首先關注詩本身，當「藏」的內容被點破時，讀者才會對藏頭詩的奧妙恍然大悟。

文人中有不少藏頭詩高手，傳說明朝著名的文人徐文長遊西湖時，就做了一首七絕：「平湖一色萬頃秋，湖光渺渺水長流，秋月圓圓時間少，月好四時最宜秋。」這首詩中藏了「平湖秋月」四個字，也是對西湖景色的貼切描述。《水滸傳》中梁山泊為了拉攏盧俊義入夥。宋江和吳用想出了著名的「智取玉麒麟」的辦法。吳用假扮道士為盧俊義占卜，利用盧俊義躲避「血光之災」的心理，在盧家牆上提下「蘆花叢中一扁舟，俊傑俄從此地游。義士若能知此理，反躬難逃可無憂。」這四句詩暗藏「盧俊義反」四個字，成了官府定罪盧俊義的重要證據。

打油詩是一種更富有趣味性的詩體，相傳是由唐代詩人張打油首創的詩體，用詞通俗易懂，詼諧幽默，雅俗共賞。比較著名的打油詩是傳說中張打油寫的〈詠雪〉：「江上一籠統，井上黑窟窿。黃狗身上白，白狗身上腫。」雖然是詠雪，但是通篇沒有一個「雪」字，卻將大雪後的景色寫得質樸純粹。此詩小巧有趣，令人叫絕。打油詩對平仄韻律的要求並不嚴格，易於創作和記憶，受到廣大人民群眾的廣泛接受。

明代著名詩人唐伯虎生性孤傲，雖然他文才出眾，卻作了一首打油詩掛在自己書房裡表明心志：「不煉金丹不坐禪，桃花庵裡酒中仙。閒來寫幅青山賣，不使人間造孽錢。」無獨有偶，清代大文豪鄭板橋也有一首類似的自勉詩：「咬定青山不放鬆，立根原在破岩中。千磨萬擊還堅勁，任爾東南西北風。」

近代文人胡適的《嘗試集》收錄了他為使用白話的新詩。這些詩的形式偏向古代詩歌，語句使用的白話文，更接近打油詩，卻比打油詩多出一分創新，既是胡適在推廣白話文方面的嘗試，也是文人閒情的體現。如〈蝴蝶〉一詩：

兩個黃蝴蝶，雙雙飛上天。不知為什麼，一個忽飛還。
剩下那一個，孤單怪可憐。也無心上天，天上太孤單。

這首詩明白如話，讀來很老實甚至有點笨拙，雖然從藝術和思想上，都沒有太多可以發掘之處，但是作為白話詩的首次嘗試，這種誠實的風格卻是值得提倡的。胡適還有一首藝術性更高也更加廣為流傳的詩，名為〈希望〉：

我從山中來，帶著蘭花草。種在小園中，希望花開早。
一日看三回，看得花時過。蘭花卻依然，苞也無一個。
轉眼秋天到，移蘭入暖房。朝朝頻顧惜，夜夜不相忘。
期待春花開，能將夙願償，滿庭花簇簇，添得許多香。

胡適寫這首詩的靈感來自1921年夏天，他在西山時朋友熊秉三夫婦送給他一盆蘭花草。胡適將蘭花草帶回家後精心照顧，但一直都沒有開出花來，於是胡適觸景生情而作了此詩。這首〈蘭花草〉流傳甚廣，還被譜成了歌曲。詩的清新質樸與文人的殷殷期盼躍然紙上，朗朗上口之餘，又有絲絲閒情消不去的惆悵。

除了創新的有趣詩體，文人們還常常組織詩社，為了吟詠閒情、交流意見而定期集會作詩。文人官員家庭中能夠吟詩作對的女子也常常組成詩社，享受與姐妹妯娌相處的時光。《紅樓夢》中對詩社進行了非常有趣而詳細的描寫。

初秋季節，探春提議大觀園中有文采的姐妹們組成詩社，以吟詠作詩的方式顯示閨閣女子的文才不讓鬚眉。第一次詩社集會時大家將詩社命名為「海棠社」，因為作詩所詠之物為白海棠。而諸位女子在詩社中也不再用自己的本名，而是以「詩翁」自居，以各自居住的庭院名為根據取了別號。如賈寶玉是怡紅公子，林黛玉是瀟湘妃子，薛寶釵是蘅蕪君，李紈是稻香老農，賈迎春是菱洲，賈探春是蕉下客，賈惜春是藕榭，史湘雲是枕霞舊友。幾人後來詠菊花，詠螃蟹，聯句賞雪等，構成《紅樓夢》中最具有藝術和趣味的內容，也讓讀者一窺貴族家庭中女子詩社的活動詳情和文人趣味。

文人的創作趣事

古代民間流傳著許多文人作詩的傳說故事，並且為人所津津樂道。傳說明代四大才子之一的祝枝山曾在廣東興寧做知府，想要修建文廟，共需銀子一千五百兩。但是缺乏經費，只有一百五十兩銀子可用，連零頭都不夠。正為籌款為難的時候，當地財主許久卿拿來一幅〈寒江獨釣圖〉，邀請祝枝山題詩。這幅圖是許久卿請人為自己畫的得意之作，以顯示自己的風流才氣。祝枝山看著圖畫，思索了一下，提出請許久卿捐六百兩白銀來修文廟，土財主為了才子墨寶便爽快答應了。於是祝枝山揮毫在畫上寫道：「試問老翁何許人，披蓑垂釣到江濱。」

然後祝枝山又寫了一個「龜」字，誰知寫完之後遲遲不落筆續寫。許久卿急了，忙問原因，祝枝山說：「本不欲跟你開玩笑，無奈已寫下一『龜』字，給我三百兩，當為你續成此詩。」許久卿只好答應。於是祝枝山含笑寫下：「龜蒙昔有天隨艇。」這是將圖中的釣翁比作唐代名士陸龜蒙，許久卿剛鬆了口氣，誰知祝枝山又寫下「君是龜」三字，許久卿氣急敗壞，連問：「銀子已經給你，為何還如此戲弄我？」祝枝山回答說：「修文廟還差四百兩銀子，我為了籌款發愁，哪有文思可用！」許久卿只好忍痛答應補足銀子，於是祝枝山大筆一揮，寫下：「君是龜蒙身後身。」將許久卿比作陸龜蒙轉世，樂得他眉開眼笑。祝枝山這首詩雖然寫得並不太好，卻迎合了財主的願望和性格，巧妙運用「龜」字入詩，既恫嚇了對方又吹捧了對方，使他不得不就範，以詩歌「雅騙」達到修文廟的目的，倒是值得肯定的。

詩雖然在大多數情況下是比較嚴肅的，但也不乏喜歡在詩中開玩笑戲弄人的詩人。一首詩就是一個整體，單看一句詩往往不能理解整首詩意。據說一個官宦之家新生了一個兒子，非常寵愛。孩子滿歲抓周，請來許多文人，擺宴慶賀。其中有一位大才子，詩才敏捷，詼諧幽默，名氣很大。主婦把兒子抱出來，與大家見面，那孩子長得實在可愛，虎頭虎腦，眼睛又大又靈活。大家對孩子讚不絕口，都提出讓大才子寫詩祝賀。才子拿起了筆，沾滿了墨水，抬頭看了看抱著孩子的主婦，落筆寫道：「這個婆娘不是人」，然後又去硯中取墨。在座的都是文人，也不乏寫詩的高手，看了這一句，人人臉上變色，那位以美貌著稱的主婦更是漲紅了臉。

才子取完墨不慌不忙地寫出第二句：「九天仙女下凡塵。」眾人看到第二句立即轉驚為喜。接著四周一片讚嘆：「這個案翻得巧！沒有千鈞之力斷難如此輕鬆地挽回！真可謂驚天筆力！」那位主婦也立即陰轉晴，露出燦爛的笑容。接著第三句，才子寫道：「生個兒子要做賊」，說人家的孩子做賊也是大大的不敬，可是有了前面的經驗，誰也不再緊張了。只是怎麼也想不出他下邊如何再次急轉而回。「竊得蟠桃奉至親。」他終於寫出了第四句。這分明將孩子比喻成敢竊王母娘娘蟠桃的英雄，不僅本領高強而且非常孝順。這樣的詩當然讓主人高興無比了。

這首詩文字粗糙，在民間流傳很廣，似乎不是文人所寫。但不管這段趣聞從何而來，它的構思都是很巧妙的，先抑後揚，讓人驚奇。一句孤立起來看是大貶，是謾罵；兩句放在一起則變為大褒，是稱頌；四句看完閒情文心盡顯。看來寫詩為文之時，也需求閒情閒趣才能編出這樣一個充滿智趣的玩笑。

宋詞中的閒情表達

文人在表達閒情的時候更傾向使用「詞」這種文體。詞在唐代形成，到宋代發展到頂峰。在古代詞主要是用來演唱的，具有很強的音樂性和娛樂價值。民間以演唱為生的優伶樂師根據唱詞和音樂節拍的需求，改編或創作出的歌詞就是最早的詞了。民間產生的詞比文人作詞要早得多，早期的詞多為愛情、相思題材，並不屬於能登大雅之堂的文體。但是由於詩詞之間並沒有嚴格的界限，所以詩人們也逐漸在民間詞的啟發之下，開始嘗試作長短句，而且文人的文學素養使得詞的藝術水準達到了新的高度。

詞的語句長短不一，錯落有致，特別便於抒情，加之可以配樂演唱，題材上和形式上也較少受到禮教的約束，因此文人常常用詞來表達自己的感情。宋代文豪歐陽脩的詩和詞就完全是兩種風格。他的詩受到韓愈「以文為詩」理論影響，喜好議論說理。如《食糟民》中的「官沽味醲村酒薄，日飲官酒誠可樂。不見甲中種糯人，釜無糜粥度冬春」，主要反映民生的悲苦，揭露社會黑暗。但是歐陽脩在作詞時又完全是另一種風格了，主要抒發男女之間的傾慕之情、傷感別離之情等個人的閒適情緒。例如他的《一詞：

庭院深深深幾許，楊柳堆煙，簾幕無重數。玉勒雕鞍遊冶處，樓高不見章臺路。雨橫風狂三月暮，門掩黃昏，無計留春住。淚眼問花花不語，亂紅飛過鞦韆去。

這首詞寫的是閨中少婦深閨寂寞，重重阻隔，見不到想見的人，從而生出的傷春之情。在這種幽深的環境之中，女子的身心都受到壓抑和禁錮。而且時光流逝，美人遲暮，難免被拋棄而淪落的命運，更令人無限感傷。詞人彷彿身臨其境般體會女子思緒，表達生活不自由的貴族少婦那種難以為外人道的心痛與傷感。這種愁思對於男子來說是很難想像的，歐陽脩卻將其把握得細微而淋漓盡致，這也是詞人閒情的另一種表達吧！

說到閒情之詞，不得不提的是南唐詞人馮延巳的〈蝶戀花〉：

誰道閒情拋棄久？每到春來，惆悵還依舊。日日花前常病酒，不辭鏡裡朱顏瘦。河畔青蕪堤上柳，為問新愁，何事年年有？獨立小橋風滿袖，平林新月人歸後。

這首詞並沒有寫什麼具體的事，只是抒發一種寂寞惆悵的情緒，這種類似離愁、懷人、傷春的情緒正是作者第一句中提到的「閒情」。以為這種自尋煩惱的苦悶已經被「拋棄久」了，但其實時間越久，越難以擺脫。為什麼「閒情」無法被拋棄呢？「每到春來，惆悵還依舊。」春天萬物復甦，生機勃勃，卻也是花落殘紅、生命易逝的季節，更容易引起傷感和失落。文人本來多愁善感，一切景語皆情語，這種對「愁」與閒情產生的描述與抒發，在安排上獨具匠心，大大增強了詞的藝術表現力，也體現了「閒情」作為文人靈感來源的重要性。

宋代文人柳永出身於官宦家庭，自幼以讀書科舉作為人生第一要務。但是柳永雖然詞寫得很好，考試的運氣卻不怎麼樣，屢屢落榜。自負才情而又滿腔牢騷無法發洩的柳永，於是寫了一首〈鶴沖天〉：

黃金榜上，偶失龍頭望。明代暫遺賢，如何向？未遂風雲便，爭不恣狂蕩？何須論得喪。才子詞人，自是白衣卿相。

煙花巷陌，依約丹青屏障。幸有意中人，堪尋訪。且恁偎紅倚翠，風流事，平生暢。青春都一晌。忍把浮名，換了淺斟低唱。

這首詞雖然看似激憤，其實只是讀書人發洩科舉失敗的牢騷心理：考不上進士，做不了官，又有什麼關係呢？只要有才能，就跟不穿朝服的官員一樣，那些虛無的名聲又有什麼用呢？倒不如將虛名換成唱歌作詩的生活。雖然只是幾句牢騷話，但是柳永的才名太大，「白衣卿相」之詞已經廣為流傳，連西夏國的人都說，有人居住，有井水的地方就有人唱柳三變的詞。宋仁宗也讀到了這首詞，卻為其中的句子大為惱火。當柳永好不容易再次考中科舉時，宋仁宗看到他的名字，想到這首詞，就說：「且去淺斟低唱，何要浮名！」徹底斷了柳永的科舉之路。柳永從此自嘲為「奉旨填詞」，流連在煙花之地，體驗下層女子的情感和生活，創作了大量優美的詞，成為成就極高的大詞人。

閒說歌詩曲賦

在前面說到詩詞的時候，就已經談到了「歌」，其實「詩」和「歌」是並存的，早期的詩都是可以唱的，比如《詩經》中的每一首詩，都曾有音樂配合。直到後來，詩慢慢演化成文人的作品，脫離了原有的音樂性。

早在秦代就設立了一種專門的音樂機構，主要是蒐集民間流行的樂歌，也有演唱和創作的任務，這個部門就是樂府。樂府在漢代的時候達到鼎盛，也成就了很多流行的樂歌。漢高祖劉邦就曾高歌一曲，至今仍廣為人知：「大風起兮雲風揚，威加海內兮歸故鄉，安得勇士兮守四方？」有些學者認為，這就是漢樂府的起源。無獨有偶，霸王項羽臨終的悲壯一曲也讓人驚心：「力拔山兮氣蓋世，時不利兮騅不逝。騅不逝兮可奈何，虞兮虞兮奈若何！」由此可見，無論是政治上的成功者還是失敗者，都選擇了高歌一曲來表達自己的心情，可見當時樂歌的影響之深。

當然今天已經不可能聽到當年的樂府樂曲，留下的只有樂府蒐集和創作的「樂府詩」而已。其中較著名的還有南北朝時期的〈木蘭詩〉和〈孔雀東南飛〉，分別來自一北一南，合稱「樂府雙璧」，膾炙人口。這兩篇都是敘事詩，還被改編成各種劇本，搬上舞臺和銀幕，成為經久不衰的傳奇。

說到歌，不得不說曲，它在元明時期發展到高峰。「曲」有北曲、南曲之分，後來又發展為雜劇、散曲、傳奇等文體，曲也逐漸從舞臺戲曲轉化為文人的創作。元代有相當長的一段時間取消了科舉制度，文人讀書卻沒有出頭做官之日，於是將一腔苦悶付諸戲曲創作和欣賞之中。

雜劇、套曲等在文人筆下產生之後，一般會被優伶們搬上舞臺，因此創作戲曲的文人必須熟悉表演藝術，才能真正了解戲曲舞臺，成為大師。因此很多劇作家都與歌妓們過從甚密，與優伶演員們來往頻繁。元代偉大的劇作家關漢卿的〈一枝花·不伏老〉套曲的最後，就對他平日的閒情生活和藝術生涯進行了表白：

我是個蒸不爛、煮不熟、捶不匾、炒不爆、響璫璫一粒銅豌豆；恁子弟每誰教你鑽入他鋤不斷、斫不下、解不開、頓不脫、慢騰騰千層錦套頭？我玩的是梁園月，飲的是東京酒，賞的是洛陽花，攀的是章臺柳。我也會圍棋、會蹴鞠、會打圍、會插科、會歌舞、會吹彈、會咽作、會吟詩、會雙陸，你便是落了我牙，歪了我嘴，瘸了我腿，折了我手，天賜與我這幾般兒歹症候，尚兀自不肯休！則除是閻王親自喚、神鬼自來勾，三魂歸地府，七魄喪冥幽，天哪，那其間才不向煙花路兒上走！

關漢卿所謂的「往煙花路兒上走」，其實就是說在他的生活是以「閒情」為重點的，他與歌妓們混在一起，精通各種遊戲玩樂，就是因為他天生愛好藝術、愛好創作的細胞占了上風，讓他不屑於走人人都嚮往的科舉做官的所謂「正途」。而正是這種娛樂至死的生活態度，全心投入堅持創作的決心，使他成了成就輝煌的偉大戲劇家。

元代文人放蕩不羈，尤其是曲作家們，無論地位高低，大多與歌妓打成一片，一些有名的歌妓也會作曲唱曲，文人與歌妓的密切交往，也是促成元曲輝煌的原因之一。元大都有名的歌妓珠簾秀就是出色的表演者，她能在雜劇中扮演各種角色，各有妙趣。她與文人盧摯的贈答之作寫得相當優美動人。盧摯所作〈別珠簾秀〉：

才歡悅，早間別，痛煞煞好難割捨。畫船兒載將春去也，空留下半江明月。

珠簾秀也是奇女子，當即作一首〈壽陽曲．答盧摯〉：

山無數，煙萬縷，憔悴煞玉堂人物，倚蓬窗一身兒活受苦，恨不得隨大江東去。

這兩首應答寫得極好，以明月朗照、大江東去表達離愁別緒，不僅說明文人與歌妓的密切交往，更表現了文人接近下層女子生活所獲得的靈感。曲中的閒情本色與聲情並茂曲文生動形象，活潑自然，遠非一般閉門造車的文人可以比得上。

第二節　盡日話閒情——清談雅集

古人的雅集傳統

文人雅集，自古皆然。中國歷史上關於各類文人聚會交流的記載，從來沒有間斷過。還在春秋戰國時期，很多諸侯身邊都聚集了一大批文人學者，如孟嘗君、信陵君、平原君、春申君四公子和秦丞相呂不韋門下，聚集的文人學者都超過千人，被稱作「門客」。著名的毛遂就是平原君的門客，不僅為平原君出色地完成了各種出使任務，還為平原君準備了退休之後的後路。而孟嘗君門下的「雞鳴狗盜」之人更是以雕蟲小技救了孟嘗君一命。這些故事大家都非常熟悉了。各方面優秀的知識分子聚在一起，從而形成了古代文學史上第一個高潮。

諸子百家的文學主張使得當時的文學、政治理念「百花齊放」。秦漢以降，這一風氣依然不改，僅武帝時代的淮南王劉安，其身邊就有文人幾十人，不少人還都有作品流傳下來，被後人編為《淮南子》一書。魏晉時代更是清談雅集的高峰時期，別的不說，單是曹操身邊就聚集了孔融、王粲等著名的「建安七子」和女詩人蔡文姬等。

如果說上述情況都發生在有權有勢的人身上，他們將文人聚在一起吟風弄月，抒發閒情逸致，留下佳話無數。但到了魏晉以後，文人大都能夠憑自己的志趣，互相往來了。譬如在明清時期，就出現了「前七子」、「後七子」、「公安派」、「竟陵派」、「唐宋派」、「桐城派」等文學派別，幾個志趣相投、主張一致的文人，聚在一起品藝論文。而當時文人派別之多，留下著作之豐盛，可以想見那時文人雅集的盛況。

說到古代文人名士的清談雅集，人們的第一反應往往是以「竹林七賢」為代表的魏晉風流。確實，兩晉的名士清談是歷史上最熱烈的。雖然政治和社會生活依然偶有動亂，但是當時統治階層已經逐漸站穩了腳跟，皇族、外戚和朝代動盪造成的社會不穩定逐漸結束了，貴族名士開始真正擁有軍事和政治上的實權，逐漸形成了獨具特點的門閥政治。以貴族大家族為中心的寡頭政治使得皇帝反而失落了皇權，成了傀儡。政治上的穩定使自給自足的經濟得到了很好的發展，為名士們「自由逍遙」思想的發展提供了一定的物質基礎。這時候，反映貴族文化和名士閒情的清談雅集活動逐漸發展起來，並成為魏晉時期文人生活的風流標誌。

記錄魏晉名人言談軼事的筆記小說《世說新語》正是在這一環境中誕生的。《世說新語》是最原始、最全面的研究魏晉時期的作品，記載了六百二十六個魏晉士族菁英的故事。我們今天要了解魏晉的社會、魏晉的文化、魏晉的思想，尤其是魏晉知識分子的生存狀態，不可不讀這本書。全書分為德行、言語、政事、文學、雅量等三十六門，記錄了一千多則名人趣事，講述了從漢代末年到劉宋時期貴族名士們的逸聞軼事，主要包括人物評論、機智應對以及清談雅集，等等，其中清談雅集最為豐富多彩。雖然有些故事不免誇張，真實性方面存在疑問，但是其中對門第世家的思想、精神、文化、閒情等方面的記錄是值得參考和肯定的。

在當時的清談風氣中，名士們暫時忘卻了現實社會的煩惱和壓抑，在清談雅集中揮灑才情，彰顯個性，從此忘卻自己在戰亂和暴政中受到的折磨。這時候清談成為他們消磨閒情的主要活動，也是他們尋找安慰和精神家園的方式。清談讓他們忘卻現實的煩惱，探討生命的真理，尋找心靈平靜的源泉。當時清談雅集體現出的名士們的風流談吐與閒情逸致，至今仍然令人神往。

魏晉文人的清談之趣

今天有人以為清談就是喝酒、喝茶聊天，其實不然。清談是一種高級的學術社交，是當時貴族階級最有教養、最有才華的頂尖知識分子中進行的一種學術活動。放眼世界歷史，可能也只有法國十七至十八世紀的文藝沙龍可以與之媲美。清談有一套嚴密的規矩，並不是一般的聊天，而需求使用很精美的言詞，講究辭藻的華麗，甚至還要講究聲調的美麗。此外，文人在清談時還要講究風度之美，有時還要使用道具。清談通常有三種形式：一種是由一個人主講，這個人通常是大帥級人物。第二種方式是兩個人論辯。一方先提出自己的觀點，另一方反駁，精彩的辯駁會持續幾十回合。第三種是幾個人共同討論，三種形式中第二種發生得較多。

西晉元康時期，王衍是文人名士的清談領袖。王導和王敦是他的堂弟，三人關係十分密切。王導和王敦不僅在政治上受到王衍的提拔，擁有共同的政治立場和觀念，而且積極追隨王衍進行清談，成為元康之時清談圈子的後起之秀。《世說新語·容止》中有記載：有人去王衍處，恰逢琅邪王氏家族的菁英王戎、王衍、王敦、王導、王詡、王澄同聚一堂，不禁讚嘆：「今日之行，觸目見琳瑯珠玉。」由於王家才俊著實優秀，人們不禁將這些青年才俊比喻成珠玉，可以想像當年的王家兒郎們是多麼的德才兼備。

王敦與王澄、謝鯤、阮修是王衍最要好的四個朋友，王導在洛陽玄學界，與王承、阮瞻齊名。若干年後，當王敦、王導成為東晉開國元勛，仍以當年參加的西晉元康玄談為無上光榮，時時拿出來回味。王導曾經多次提及當年他在洛陽的表現：「雒下論以我比安期、千里，我亦不推此二人，唯王共推太尉夷甫也。」他還以這段歷史來奚落政敵蔡謨，頗有炫耀「當年勇」的嫌疑：「我與安期、千里共游洛水邊，何處聞有蔡克兒！」可能是王導過於重視元康名士對他的評價，總是在各種場合反覆強調這一點，還受到羊曼的質疑：

> 王丞相過江，自說昔在洛水邊，數與裴成公、阮千里諸賢共談道。羊曼曰：「人久以此許卿，何須復爾？」王曰：「亦不言我須此，但欲爾時不可得耳！」

王導並非喜歡向別人誇耀自己，而是當年的清談情景之盛實在給他留下了太過美好的印象，如今清談名士們已經各自飄零，曾經的齊聚一堂、高談闊論已經成為過眼雲煙，往事不可能再現，王導也只能在回憶中追尋當年的清談盛況了。

生存的環境越是動盪，人們越希望得到和平安寧的生活，魏晉名士們聚集起來，在清談雅集中尋找寧靜的心靈家園，躲避現實人生的煩惱。據《世說新語》言語》第二十二記載：

諸名士共至洛水戲。還，樂令問王夷甫：「今日戲樂乎？」王曰：「裴僕射善談名理，混混有雅緻；張茂先論《史》、《漢》，靡靡可聽；我與王安豐說延陵、子房，亦超超玄箸。」

這一則講的是王衍、張華、王戎等名士在洛水邊遊戲娛樂的情形。他們在美麗的自然風景之中，放開身心，暢所欲言。談論的內容涉及「名理」、《史記》、《漢書》、「玄學」等。這些學派雖然內容各有不同，但是名士們博學古今，能夠從各自的學養出發侃侃而談，且不會因為各家的觀點內容不同而爭執，而是表現出「和而不同」的和諧氣氛。這裡所表現的清談雅集，是一種多人之間自由輕快的精神暢遊，所以是令人心情愉悅的。文人名士們在清談時不僅僅說理辨析，也將這種活動視為一種智力上的較量和遊戲。他們與志同道合的好友們一起進行思維和智慧的競賽，從而獲得審美的享受和精神上的滿足。

《世說新語·文學》第五十五則記載了一次著名的雅集：

支道林、許、謝盛德，共集王家。謝顧謂諸人：「今日可謂彥會，時既不可留，此集固亦難常。當共言詠，以寫其懷。」許便問主人有莊子不？正得漁父一篇。謝看題，便各使四坐通。支道林先通，作七百許語，敘致精麗，才藻奇拔，眾咸稱善。於是四坐各言懷畢。謝問曰：「卿等盡不？」皆曰：「今日之言，少不自竭。」謝後麤難，因自敘其意，作萬餘語，才峰秀逸。既自難干，加意氣擬託，蕭然自得，四坐莫不厭心。支謂謝曰：「君一往奔詣，故復自佳耳。」

在集會的開始，謝安就說明了文人雅集的意義和追求。這種「群賢畢至」的盛會給了文人們難得的歡樂機會，讓大家得以盡情抒發感慨，宣泄閒情，以獲得精神的舒暢。許詢對《莊子》感興趣，提議以此出題，於是謝安選擇了《莊子》中的《漁父》，定好題目讓大家各自闡發觀點。東晉高僧支道林平時常常在貴族上層社會活動，對中國文化思潮的發展和轉變發揮了重要作用，這次集會他便是主角之一。支道林第一個進行演說，說了七百多句，講得精緻優美，無論是才思還是文辭都非常出眾，引得大家交口稱讚。除了他，其他名士也紛紛表達了自己的見解。最後謝安進行總結性質的講演，首先簡單地設難，然後陳述自家見解，洋洋灑灑萬言有餘，才智超凡，飄逸俊雅，達到了其他人難以抵達的高度。他的講話寓意深遠而又怡然自得，使得眾人聽後收穫良多，無不心滿意足。這種雅集的方式有點類似現在課堂上的提問式演講，由學生根據一個問題發表意見，提出疑問，在討論的過程中互相啟發，最終由老師進行總結和升華，但是在主題和形式上都更加自由，令人無限神往。

魏晉時期的名門貴族往往是兒女親家。因為門第家庭的小兒女們的婚姻對象只能是門當戶對的家庭，因此，在因婚姻之事促成的家庭聚會上，文人名士眾多，給善於談論玄理的他們創造了表現自己的機會。《世說新語．文學》第六十二則記載：

羊孚弟娶王永言女，及王家見婿，孚送弟俱往。時永言父東陽尚在，殷仲堪是東陽女婿，亦在坐。孚雅善理義，乃與仲堪道齊物，殷難之，羊云：「君四番後，當得見同。」殷笑曰：「乃可得盡，何必相同？」乃至四番後一通。殷咨嗟曰：「僕便無以相異。」嘆為新拔者久之。

這個故事說的是羊孚的弟弟羊輔娶王永言的女兒為妻。當王家要接待女婿的時候，羊孚親自送弟弟到王家。這時王永言的父親王臨之還在世，殷仲堪是王臨之的女婿，也在座。羊孚很擅長名理，便和殷仲堪談論起《莊子．齊物論》的寫作主題和意義。殷仲堪反駁了羊孚的見解，羊孚說：「經過四個回合後，您一定會發現其實您和我的見解相同。」殷仲堪笑著說：「只能說大概如此，為什麼一定會相同！」可是等到辯論了四個回合後，兩人的見解竟然真的相通了。殷仲堪感慨地說：「這樣，我就沒有什麼見解跟你不同了！」並且讚嘆羊孚是後起之秀。

殷仲堪和羊孚兩位一老一少，不管是年齡差距還是資歷差異都非常大，可是他們在清談之時卻完全不需考慮這些，只管探求真理。殷仲堪在發現自己處於劣勢時，也沒有難堪地覺得自己顏面盡失，更沒有惱羞成怒地認為是對方不給面子，反而由衷地服輸，並且誇讚對方。這種寬闊的心胸與當時清談環境、學術氣氛的寬容和諧是密不可分的。

《世說新語．文學》第十九則記錄了另外一個類似的故事：

裴散騎娶王太尉女。婚後三日。諸婿大會，當時名士，王、裴子弟悉集。郭子玄在坐，挑與裴談。子玄才甚豐贍，始數交未快。郭陳張甚盛。裴徐理前語，理致甚微，四坐咨嗟稱快。王亦以為奇，謂諸人曰：「君輩勿為爾，將受困寡人女婿！」

這個故事說的是散騎郎裴遐娶了太尉王夷甫的女兒為妻。婚後三天，王家邀請各位女婿聚會，當時的名士和王、裴兩家子弟齊集王家。玄學大師郭子玄也在座，他領頭與裴遐清談玄理。子玄才識很淵博，剛開始交談幾個回合，覺得說得不夠痛快。郭子玄把玄理鋪陳得很充分，裴遐卻慢條斯理地梳理前面的議論，他所敘說的義理情趣都很精細，讓滿座的賓客讚嘆不已，認為他說得很透澈準確。王夷甫也覺得這種說理的方式新奇罕見，於是對大家說：「你們不要再辯論了，不然都說不過我的女婿。」這種滿座歡樂、合家歡馨的氣氛是魏晉文人在清談中追求的最高境界。在喜慶的婚慶場合也不忘清談，只因為清談是他們揮灑閒情的最好方式，也是他們人生歡樂的源泉之一，為婚慶的喜事更添情趣和光彩。

〈蘭亭集序〉與「奮擲麈尾」

王羲之是東晉之後宰相王導的侄子，也是喜好組織和參加清談雅集的名士。他從小受到父親舞文弄墨、愛好書法的薰陶，也喜歡上了書法。十幾歲時，他常在父親書房裡翻弄前人的書跡、碑帖。王曠見兒子如此心誠，就以一本《筆說》為教材，教他筆法、筆勢、筆意。沒過多久，王羲之的書法已打下了很好的基礎。後來，王羲之的書法出了名，許多人都以得到他的字為榮，連京城裡的大官、地方上的豪富都爭相求他的墨寶。

王羲之做過刺史、右軍將軍、會稽內史。當時人們愛稱他為「王右軍」。四十多歲時，因為和上司意見不合，他辭去了會稽地方官的職務。從此他經常遊山玩水，吟詩會友，有了更多的時間潛心於書法藝術，書法的造詣達到了登峰造極的境界。

永和九年的春天，一場流傳千古的清談雅集就要開始了，它注定被後人永遠銘記。這天王羲之請了許多賓客，包括司徒謝安、司馬孫綽以及附近幾個縣令，又帶上自己的幾個兒子，來到會稽蘭渚山麓的蘭亭聚會。正值春暖花開，山清水秀，一行人踏著悠閒的腳步，在山徑中行走。

王羲之閒情大發，提議來一次傳統的「曲水流觴」助興，眾人讚同。於是，大夥來到一條彎曲的小溪邊，在溪旁的石頭上坐下。王羲之要書僮在小溪的上游將幾個裝滿酒的酒杯，放在一個木盤裡，然後讓盤子順著小溪流向下游。盤子流經哪個人身邊，那個人就得趕快作一首詩，作不出詩，就得罰酒三杯。這場「曲水流觴」的遊戲進行得十分盡興，大家共作出了二三十首好詩。

為紀念這次聚會，大家提議把這些詩編成冊，取名《蘭亭集》，並公推王羲之寫一個序。王羲之此時已經飲酒至微醺，作文的閒情更加濃厚。他絲毫沒有推辭，便命書僮在蘭亭擺下筆墨。在眾人的簇擁下，王羲之信步來到蘭亭，他環顧崇山峻嶺、松林竹園、溪水瀑布，不由得心緒萬千。過了一會，序已打好腹稿，王羲之在書案前盤腿坐下，拿起毛筆在紙上揮毫。不久，被譽為「天下第一行書」的三百二十五個字的〈蘭亭集序〉，就在這會稽群山中誕生了。

關於〈蘭亭集序〉，世間流傳著形形色色的趣聞逸事。據說當時王羲之寫完之後，對自己這件作品非常滿意，感嘆說：「此神助耳，何吾能力致。」因此，他對這篇書法作品十分珍惜，把它作為傳家之寶，一直傳到第七代孫智永。智永少年出家，酷愛書法，死前他將〈蘭亭集序〉傳給弟子辨才和尚。辨才和尚對書法也很有研究，他知道〈蘭亭集序〉的價值，將它視為珍寶，藏在臥室梁上特意鑿好的一個洞內。可惜，經歷過朝代變遷和各種人對此珍寶的覬覦，〈蘭亭集序〉的真品今天已經看不到了，只留下後來書法家的臨摹本。但即使是這些臨摹本，我們也可以從中一窺王羲之原作中的絕妙筆法、墨氣、行款和神韻，讓人對這篇在雅集中誕生的絕世佳作讚嘆不已。

清談是魏晉人的一種生活方式，代表的是高貴的身分和高雅的情趣。所以只有敏捷的才思、漂亮的語言顯然是不夠的，清談者的言談舉止，同樣也得顯示出與清談相符的高雅氣質來。而最好的表現物是「麈尾」，它是羽尾之類的東西，上為羽扇，中為扇柄，柄上貫以橫軸，兩側飾以麈尾毛。在清談中用麈尾，看來很瀟灑，很符合魏晉人對美的追求；同時麈尾在清談中也有很實際的用途。因為清談並不總是和風細雨的，有時也會相當激烈，甚至有劍拔弩張之勢。如《世說新語．文學》第三十一中記錄的這場清談：

孫安國往殷中軍許共論，往反精苦，客主無間。左右進食，冷而復暖者數四。彼我奮擲麈尾，悉脫落，滿餐飯中。賓主遂至莫忘食。殷乃語孫曰：「卿莫作強口馬，我當穿卿鼻！」孫曰：「卿不見決牛鼻，人當穿卿頰！」

孫安國到中軍將軍殷浩處一起清談，兩人來回辯駁，誰也說服不了誰，賓主都無懈可擊。侍候的人端上飯菜，他們也顧不得吃，飯菜涼了又熱，熱了又涼，這樣反反覆覆好幾遍。雙方奮力辯論，說的時候用力甩動麈尾，以致上面的毛全部脫落到了飯菜上。後來，他們竟然辯論到傍晚也沒想起吃飯。殷浩便對孫安國說：「你不要做硬嘴馬，我就要穿你鼻子了！」孫安國接口說：「你沒見掙破鼻子的牛嗎，當心人家會穿你的腮幫子！」

在一場十分緊張激烈的辯論中，辯論雙方拚命地甩麈尾，可見論辯雙方多麼忘形。

人們總有這樣的生活經驗，當我們緊張時，總是抓耳撓腮，或是無意識地擺弄手邊的小物件，或者以其他的不太雅觀的方式來掩蓋自己緊張之態。魏晉人正是利用「麈尾」來掩飾清談時的緊張和激烈情緒的。總而言之，清談不僅是文人名士的一種生活方式，也是一種娛樂方式，在清談中，他們可以顯示自己高貴的身分、高雅的情趣以及高妙的智慧。

第三節　尊酒賞閒情——把酒盡歡

何以解憂，唯有杜康

文人與酒一直是兩個難以分開的詞，文人讓酒更具文化意蘊，酒讓文人更具風流才情。提到酒，就不得不再次提到魏晉。在生活動盪、朝不保夕的時候，人們更願意沉醉在酒精之中，在酒精造成的眩暈之中，自己彷彿能夠更好地與天地自然融合為一。飲酒也是他們避禍的方式，借酒裝瘋以迷惑對他們有企圖的統治者，從而避開黑暗的政治和鉤心鬥角的官場。

飲酒的文人中最出名的就是「竹林七賢」了，他們是阮籍、嵇康、劉伶、向秀、山濤、王戎、阮咸七人。他們都以文名稱道，但在酒史上的名聲卻絲毫不亞於他們在文學上的名聲。

阮籍因為曾任步兵校尉，又被人稱為「阮步兵」。他做步兵校尉，並不是他想做官，而是因為酒的緣故。當時步兵校尉一職出現了空缺，而步兵校尉的廚中有美酒數百斛，於是阮籍就主動要求做步兵校尉，只為能盡情地飲用軍中的美酒。

阮籍生性謹慎，司馬昭一直想拉攏他，阮籍都用一些無關緊要的話搪塞過去了。司馬昭又想把女兒嫁給阮籍，以這種方式讓兩人搭上關係。可每次派人去向阮籍求親，他都醉得不省人事，無法商議正事。阮籍連續醉了兩個月，司馬昭實在拿他沒有辦法，只好放棄了，但也從此對他懷恨在心。司馬昭的重臣鍾會經常問阮籍對時局的看法，想借其言語的漏洞而治他的罪，阮籍又是每次都喝得大醉，對時局不加任何評論，讓他們沒有漏洞可循。「胸中塊壘，非酒不能消也」，沉醉於酒，這是阮籍迫不得已的保命之道，就算是酩酊大醉的時候，他的內心也是清楚的，他不想與司馬氏有瓜葛，但又不敢公開得罪司馬氏，只好裝瘋賣傻了。在阮籍看來，酒不僅僅是面對權貴的武器，更是消解心中煩悶和悲情的工具。據《晉書．阮籍傳》所載：

籍性至孝，母終，正與人圍棋，對者求止，籍留與決賭。既而飲酒二斗，舉聲一號，吐血數升。及將葬，食一蒸肫，飲二斗酒，然後臨訣，直言窮矣，舉聲一號，因又吐血數升，毀瘠骨立，殆致滅性。

阮籍的母親去世的時候，他正在與人下棋，對手要求暫時罷手，阮籍卻不同意，非要和他分出勝負不可。等到一局終了，阮籍一口氣喝下兩斗酒，隨即大聲痛哭，隨之吐血。他的母親將要下葬時，阮籍吃了一隻蒸熟的小豬，喝了三斗酒，然後拜別母親，他仰天痛哭流涕，又吐了血。母親去世之後很久，阮籍因為傷心而顯得形銷骨立。按傳統的禮法習慣，母親去世之後，兒子必須守孝，不能喝酒吃肉，但阮籍不在乎這些，他看重的是自己對母親的深情。而他的表現足以證明這一點，酒在這個時候成為他消解心中悲痛的東西，是傷心之酒。

阮籍在守喪期間飲酒食肉的行為，引發了何曾的不滿。何曾認為阮籍的行為大逆不道，尤其違反了孝道，應該被流放。司馬昭認為阮籍因為母親去世傷心過度身體受到了極大的傷害，這是值得同情的，況且有病的時候飲酒食肉是並不違背喪禮的。司馬昭與何曾當面議論阮籍，可他好像沒有聽到，照樣還是飲酒食肉，神色自若。因為他知道司馬昭並非真的理解自己，而是為了收買自己。

阮籍是個豁達的人，他雖然不看重禮法，行為舉止都以自己的心情做主，想怎麼做就怎麼做，但也從來沒有做出什麼出格的事情，可見此人思想上的乾淨和純粹，遠比那些滿嘴仁義道德內心齷齪骯髒的人來得高尚。阮籍的鄰居是個賣酒的，老闆娘長得很漂亮，阮籍與王戎經常去這家酒館喝酒。阮籍喝醉後就睡倒在漂亮老闆娘的身邊。酒店的主人剛開始以為阮籍有什麼不軌的舉動，他偷偷地觀察了好久，並沒有發現什麼。可見，阮籍對老闆娘的親近僅僅因為欣賞她的美，沒有任何不正當的目的，這種純粹的沒有任何功利性的對美的欣賞，正是文人閒情的一種表達。

阮籍不僅自己喜歡喝酒，他飲酒的愛好還影響了家族兄弟們，許多阮家子弟都喜歡喝酒。有時候許多人一起喝酒，他們覺得用杯子不過癮，就用一個很大的甕盛酒，大家圍坐在一起痛飲。這時候有一群豬看到甕裡面的酒也來喝，他們根本不在乎，只將酒的上半部分倒掉，然後繼續痛飲。可見這些人在意的只是飲酒放縱而已。阮籍有一個侄子叫阮孚，他愛酒的程度絲毫不亞於叔叔，酒癮上來的時候而恰巧沒帶錢，他就用帽子上的金貂去換酒。「杖頭錢」是酒錢的雅稱，這個美稱源自另一位阮姓之人——阮宣子。他出門的時候經常在手杖頭上掛一些錢，遇到酒館，便用錢買酒喝。阮宣子性格很狂傲，他經常自飲自酌，就算當時的權勢人物來拜訪，他也不會輕易搭理。

唐代文人的創作與酒

唐代著名詩人白居易也非常愛酒，他有九百多首詩歌都是描寫酒的。他每到一個地方都會為自己取一個跟酒有關的名號。為河南尹時號「醉尹」，被貶為江州司馬時號「醉司馬」，當太子太傅時號「醉傅」，總號為「醉吟先生」。酒在白居易的筆下還有一個雅稱：玉液，這個稱呼出自他的〈效陶潛體〉：「開瓶瀉尊中，玉液黃金脂。」於是後來玉液就成了酒的代名詞。白居易隱居龍門的時候，更是不可一日無酒，在他看來，人可以不吃飯，但酒是絕對不可缺少的。晉代的文人劉伶留下了一篇〈酒德頌〉，稱頌酒的優點，而白居易模仿〈酒德頌〉作了〈酒功贊〉：

麥曲之英，米泉之精。作合為酒，孕和產靈。孕和者何，濁醪一樽。霜天雪夜，變寒為溫。產靈者何，清醑一酌。離人遷客，轉憂為樂。納諸喉舌之內，淳淳泄泄，醍醐沉溺；沃諸心胸之中，熙熙融融，膏澤和風。百慮齊息，時乃之德；萬緣皆空，時乃之功。吾嘗終日不食，終夜不寢。以思無益，不如且飲。

白居易還創作過名為〈勸酒詩〉的組詩，系統地表達了自己對酒的理解。他認為，飲過三杯酒後才能明白酒中的真諦，所以不喝過三杯酒，最好不要開口說話。老朋友聚飲時，很容易感慨時光易老、青春不再，喝一次酒，頭上的白髮就增加幾根，越到晚年這種感慨就越強烈。白居易從前年少激憤，寫了不少詩歌表達對黑暗現實的強烈不滿和對百姓疾苦的深切同情，如〈新樂府〉、〈秦中吟〉等等，正是因為這些為百姓說話的詩歌讓他受到當朝權貴的迫害，一再被貶官，不能完成心中的宏願。

晚年的白居易不再像以前那麼激昂了，而是天天沉醉於酒。這樣才能讓他暫時忘卻人生的苦痛，正如他曾經說過「心中醉時勝醒時」。時光催人老，而天地則是永恆不變的，在時間的長河中人的一生顯得那麼短暫，這多麼令人傷心，還是痛飲美酒吧。

唐代詩人賀知章也是一個特別喜歡喝酒的人，杜甫在〈飲中八仙歌〉中第一位提到的就是他：「知章騎馬似乘船，眼花落井水底眠。」飲中八仙中以賀知章年齡最大，他喝醉後在馬上搖搖晃晃，就如同坐船一樣，杜甫開玩笑說，賀知章就算掉進井裡，他也醒不了，會一直在水底酣睡下去的。賀知章以詩出名，很少有人知道他還是優秀的書法家。賀知章擅長草書、隸書，當時人們將賀知章的草書、祕書省的落星石、薛稷畫的鶴、郎餘令繪的鳳合稱為祕書省的「四絕」。賀知章傳世的書法作品中，主要有墨跡草書〈孝經〉、石雕〈龍瑞宮記〉等。

據《舊唐書．文苑傳．賀知章傳》記載：「醉後屬詞，動成捲軸，文不加點，咸有可觀。」賀知章特別喜歡醉後寫書法，飲酒讓他對筆的控制少了一分嚴肅，多了一分靈動和灑脫，所以往往醉後創作的作品品質更佳。竇蒙也是唐代書法家，他在〈述書賦注〉中是這樣評價賀知章的書法的：「每興酣命筆，好書大字，或三百言，或五百言，詩筆唯命……忽有好處，與造化相爭，非人工所到也。」

可見，唐朝人很了解賀知章醉後善書之事，竇蒙認為，賀知章醉後的書法如有神助。竇蒙評論書法非常尖刻，許多唐代書法名家他都不放在眼中，他能給賀知章書法「與造化相爭，非人工所到」的評價，說明賀知章的書法在唐代確實不一般。宋代的陶宗儀在《書史會要》中也提到了賀知章醉後善書的特點，高度評價了他的藝術成就。晚年的賀知章尤其喜歡醉後寫書，而且達到了爐火純青的境界。神奇的是，就算他酒醒後再怎麼寫，也寫不出醉後的那種酣暢淋漓的感覺了。可見，酒對文人的影響之一，就是能夠放大他們的閒情逸致，使他們更加充分地發揮他們的才華，做到平時難以做到的事，達到清醒的時候難以達到的高度。正如武術中的「醉拳」一樣，看似迷亂，卻更有章法，達到出人意料的效果。

宋代女詞人李清照出身名門，父親李格非是宋代著名的官員，也是個藏書愛好者，家裡的藏書非常豐富。李清照在父親的嚴格教育與家庭不計其數的書籍的薰陶下，打下了良好的文學基礎。少女李清照無憂無慮，喜歡與閨中好友一起遊玩飲酒。李清照在〈如夢令〉中記載了自己年少飲酒的經歷，從這首詞中我們可以看到一個少女的天真情懷。

常記溪亭日暮，沉醉不知歸路。興盡晚回舟，誤入藕花深處。爭渡，爭渡，驚起一灘鷗鷺。

詞人與玩伴們在戶外飲酒玩笑，可能因為只是偶爾飲酒，她們很快就喝醉了。在醉酒的迷濛之中，她們找不到回家的路了。在眾人飲酒盡興之後，少女們準備划船回家，卻不小心將船划到了茂密的荷花叢中。這時她們驚醒了荷花叢中的水鳥，撲騰騰地飛向了天空。明豔的少女、清雅的荷花、潔白的鷗鷺、波光粼粼的小湖，空氣中彷彿還飄著一絲絲若有似無的酒香，這幅日暮晚歸的畫面實在是太美麗了。詞人回憶自己年少時的飲酒閒情，不管當下處境如何，心裡應該是在懷念從前的歲月靜好和少年閒情。

宋代大文豪蘇軾尤其鍾愛喝酒，他酒量有限，也曾自嘲「千杯不醉，一杯就倒」的酒量。但是酒量不好並不代表不愛酒，不理解酒，蘇東坡對酒有著自己獨到的理解，他在〈書東皋子傳後〉中說：

余飲酒終日，不過五合，天下之不能飲，無在餘下者。然喜人飲酒，見客舉杯徐引，則余胸中為之浩浩焉，落落焉，酣適之味乃過於客，客至未嘗不置酒，天下之好飲，亦無在余上者。

從中我們可以看出蘇軾達觀的人生態度。雖然酒量極小，容易飲醉，卻極其愛酒，甚至看到別人飲酒，他也會高興。有時在酒宴上他喜歡看朋友們開懷暢飲，看著朋友喝酒，也像自己喝了酒一樣。

蘇軾不僅喜歡喝酒，而且還學習過釀酒，並擅長此道。他對各種酒性都有自己獨到的見解，寫過〈酒經〉、〈真一酒法〉等著作。既要飲酒，就得解酒，蘇軾還研製出了一系列的解酒方法，成功地治療了自己的弟弟因飲酒過多而引發的肺病。蘇軾還為酒取了愛稱，他在〈洞庭春色〉中寫道：「要當立名字，未用問升斗。應呼釣詩鉤，亦號掃愁帚。」以後，許多文人就以「釣詩鉤」、「掃愁帚」作為酒的雅稱。在蘇軾看來，酒有「釣詩」、「掃愁」的作用，能夠引發詩情、驅除煩悶，是多愁善感之人的最佳夥伴之一。酒精會影響人的神經，放大人的情感，所以文人愛酒理所當然。

飲酒也是文人閨房之樂中不可缺少的一個項目。蘇軾的第一位妻子名叫王弗，是一位賢內助，在蘇軾讀書的時候，她總是在蘇軾旁邊，有的時候也能就一些句子與蘇軾討論。一次蘇軾讀書的時候出現了錯誤，王弗便指了出來，讓蘇軾對她的專心和用心非常感動。當家裡來了朋友，王弗總是藏身屏風，觀察與蘇軾來往的對象，考察他們的文學才識、人品性格。王弗頗識人，一日章淳來看蘇軾，講了很多討好蘇軾的話。王弗一眼就看出章淳熱情過頭，告誡蘇軾說此人並不可靠，將來恐怕對蘇軾不利，果然章淳後來迫害蘇軾的時候可謂不遺餘力。

除了學習與交友，王弗還與蘇軾一起飲酒賞景，享受浪漫的生活。蘇軾很喜歡待在岷江邊上的王方家裡，與王弗一起在古廟清溪之間漫步，還一起野炊，二人飲酒聊天，留下了非常美好的回憶。王弗二十七歲早逝，蘇軾痛失愛人和朋友，寫了一首感人至深的悼亡詞〈江城子·記夢〉：

十年生死兩茫茫，不思量，自難忘。千里孤墳，無處話淒涼。縱使相逢應不識，塵滿面，鬢如霜。夜來幽夢忽還鄉，小軒窗，正梳妝，相顧無言，唯有淚千行。料得年年腸斷處，明月夜，短松崗。

蘇軾雖然仕途不順，卻情場得意。一個愛酒的男子能夠娶到願意陪他飲酒的女子為妻，是多麼難得的事！蘇軾的第二任妻子名叫王閏之，她不僅更能夠理解丈夫的愛酒情結，有時還與丈夫共飲幾杯。蘇軾在寫給自己朋友李之儀的一封信中提到「酌酒與婦飲」，可見與妻子飲酒是他生活的常態之一。他還在〈小兒〉詩中提到了對妻子理解自己飲酒的感念之情：

小兒不識愁，起坐牽我衣。我欲嗔小兒，老妻勸兒痴。還坐愧此言，洗盞當我前。大勝劉伶婦，區區為酒錢。

蘇軾可能因為心情不好，對打擾自己的兒子有點惱火，正要斥罵兒子，妻子勸慰自己，不要因為兒子的不懂事而發火。蘇軾聽了妻子的話覺得慚愧，怒火立刻平息了。妻子不僅能夠平衡父子關係，還能理解自己的丈夫，知道丈夫心情不好的時候喜歡飲酒消愁，主動為丈夫準備酒具，為他斟酒。蘇軾感慨自己過得比魏晉時期的劉伶要幸福多了。劉伶是著名的酒徒，經常杯不離手，他的夫人特別擔心他過量飲酒傷身，也心疼飲酒所費不貲，經常勸說丈夫少喝點。可是劉伶從來沒有把自己妻子的話當回事，劉夫人只好把酒罈、酒壺等器皿全部打碎了。與劉伶相比，蘇軾真的是幸運太多，兩位妻子都既是酒友又是愛人，這在古代女子中可是非常罕見的。

〈後赤壁賦〉是蘇軾名傳千古的散文佳作。這篇文章中表現的不僅僅是蘇東坡作為一代文豪的才氣，更是東坡夫人的風雅，她也憑藉〈後赤壁賦〉成為中國歷史上最有名的妻子之一。蘇軾與兩位密友相談甚歡，可惜沒有酒相伴，都覺得心裡不是很自在。蘇軾感慨道：「有客無酒，有酒無肴，月白風清，如此良夜何？」有良朋卻沒有美酒，也沒有下酒的佳餚，豈不是辜負了上天賜予的良辰美景？朋友說，下酒物倒不用擔心，今晚剛好捕到了一尾好鱸魚，只是到哪裡去尋酒呢？蘇軾回到家後向夫人請教，夫人給了蘇軾一個很大的驚喜，原來她早就為蘇軾藏下了酒，以防蘇軾的不時之需。我們可以想像蘇軾聽到這個消息後的心情，能有一位如此體貼賢惠的夫人，上天待他不薄啊！蘇軾帶著夫人為自己珍藏的酒與朋友泛舟來到赤壁下，三人一邊喝一邊感慨萬千，於是蘇軾寫下了〈後赤壁賦〉。〈後赤壁賦〉之所以能夠成為千古名文，除了美酒與才情的加持，更有蘇軾夫人的功勞。

蘇東坡有如此理解自己喝酒的夫人，這一福氣讓許多愛酒的文人羨慕，其中就包括清初的文壇怪傑金聖歎。金聖歎是清初著名的文學家和文學批評家，他也是一個嗜酒之人，廖燕所作的《金聖歎先生傳》中說他「好飲酒，善衡文評書，議論皆發前人所未發」，酒讓金聖歎更加文采飛揚。金聖歎在批註《西廂記》時，寫下了許多人生「不亦快哉」的事，其中有兩條是與酒有關的。第一條是冬夜飲酒賞雪：「冬夜飲酒，轉復寒甚，推窗試看，雪大如手，已積三四寸矣。不亦快哉！」這裡說的是冬夜飲酒之時，覺得突然冷得很，推開窗子一看，原來外面下起了大雪，地上的雪已經積了三四寸厚了。一邊飲酒，一邊觀看雪景，這確實是神仙般的享受。

第二條則是：「有朋自遠方來，不亦樂乎？」見到久別的朋友自然高興異常，酒徒遇酒友，那種喜悅更是無法用言語表達。

> 十年別友，抵暮忽至。開門一揖畢，不及問其船來陸往，並不及命其坐床坐榻，便自疾驅入內，卑辭叩內子：「君豈有門酒如東坡婦乎？」內子欣然拔金簪相付。計之可作三日供也。不亦快哉！

金聖歎開門見了老朋友，就隨便作了個揖以見禮，並不問朋友是從陸路來的還是從水路來，也沒來得及請朋友在床上或榻上坐下，而是快步跑進屋內，去找自己的妻子，問她是否像東坡的夫人那樣為丈夫藏下了好酒。妻子雖然沒有準備酒，卻將頭上的金簪拔下來交給丈夫，讓他去換酒。金聖歎估計了一下金簪的價值，差不多可以換來三天的美酒。可見金妻較之東坡夫人更勝一籌，東坡夫人只不過為自己的丈夫提前準備了酒，她卻拔下自己的金簪子讓丈夫去換酒。酒徒能有這麼一位善解人意的妻子，的的確確是讓人羨慕不已的。擁有這麼一位體貼溫柔的妻子，不僅是金聖歎的理想，也是所有好酒男士的夢想。

〈滕王閣序〉的寫作

「腹稿」是一個人們耳熟能詳的常用詞，指的是寫文章之前預先在腦中想好要寫的內容，但並沒有寫出來。許多著名作家創作時都會打腹稿，但很少有人知道這源於一個與酒有關的典故。據《新唐書．王勃傳》記載：

勃屬文，初不精思，先研磨數升，則酣飲，引被覆面臥，及寤，援筆成篇，不易一字，時人謂勃為腹稿。

王勃剛開始寫東西的時候根本不費力思考，而是準備好筆墨紙硯後痛飲美酒，喝完酒後就蓋著被子躺在床上睡著了。雖然表面上是睡了，但是心裡卻是文思泉湧，已經將「腹稿」打好了。他醒來之後，直接揮筆而寫，很快就會寫完，連一個字都不用修改。酒刺激了王勃的創作靈感，讓他文思泉湧，下筆如神。

很多人可能不了解王勃的詩歌，但不會不知道他的〈滕王閣序〉，這篇序文是中國駢文史上數一數二的作品，甚至可以說是空前絕後的。王勃創作這篇蓋世奇文，也與酒密不可分，他是在酒會上完成這篇絕世佳作的。關於〈滕王閣序〉的由來，唐末王定保的《唐摭言》有一段生動的記載。當時閻伯嶼是洪州的最高長官，一天，他在滕王閣上宴請群僚。此時王勃正在去探望父親的路上，恰好經過滕王閣，就參加了這場酒會。現在滕王閣酒會因為王勃而名傳千古，而當初的舉辦者早就被人們淡忘了。

酒會上閻伯嶼本來想讓自己的女婿孟學士作序，好讓女婿借此成名。閻伯嶼對酒會上的眾人假意謙讓，問誰有才華可以寫篇序文，參加宴會的人知道他的用意，都推脫自己才疏學淺，閻伯嶼正想讓女婿動筆時，王勃站出來毛遂自薦。此時王勃只有二十歲，卻已經是才高八斗的英氣少年。這真是半路上殺出個程咬金，閻伯嶼心裡的鬱悶可想而知。他生氣地離開了酒宴，到旁邊的一個房間裡去了，但他又忍不住想知道王勃要寫些什麼，於是請人傳話給自己。

當有人將王勃序文的開頭「豫章故郡，洪都新府」告訴他的時候，他覺得這不過是老生常談，沒有什麼新鮮的。當聽到「臺隍枕夷夏之交，賓主盡東南之美」的時候，閻伯嶼開始沉默不語。當傳話人讀到「落霞與孤鶩齊飛，秋水共長天一色」的時候，閻伯嶼大驚失色，禁不住高呼：「寫出這麼優美句子的人肯定是天才，這篇序文肯定可以流傳千載！」閻伯嶼忙走到王勃身邊，王勃每寫幾句，他都讚嘆不已。寫完後，閻伯嶼請王勃參加酒宴，兩人開懷暢飲，非常開心。

這場酒會用以酒會友的名義開始，以一篇千古奇文的產生結束，注定會名垂青史，它不僅讓我們見識了王勃的文才，還讓我們見識了閻伯嶼的氣度，更重要的是，這場酒會讓我們見識了大唐的文采風流。酒與閒情無疑能夠碰撞出非常精彩的火花，讓文人的妙筆更有詞采，讓閨房之樂更有情趣，讓文人名士更加風流雅緻。

第四節　閒情在山水——隱逸風流

隱士的閒情追求

不管塵世如何喧囂，人們總有遙望星空、安享寧靜的心緒。紅塵之中瑣事不斷，不由讓人產生「為誰辛苦為誰忙」的感慨。所以當人們從大大小小的事情中偶爾抽身，仰望蒼穹，很難不被宇宙的浩瀚和靜謐所震撼和征服。在靜靜的星光照耀下，數千年來生活著這樣一群人，他們不張揚，自甘寂寞，悄然出沒於神祕的星際下。他們所行之處，萍水不動、鳥獸不驚；所涉之水，波瀾不起、漂葉不移；所行之空，塵埃不飛、輕風不旋。他們是韜光養晦的隱士，他們是滾滾紅塵之外的寧靜星空。

文人在山水自然之中往往可以更好地發散閒情，因此玩味山水、隱逸田園是文人常常選擇的一種生活方式。在歷史的長河之中，隱逸之士一直作為一個相當特殊的群體存在著，隱逸生活是高雅淡然的。從文人留下的作品中，總能體會到其中流露的歸隱之情。從先秦開始，隱逸之風逐漸發展盛行，讓無數文人為之痴狂，深深影響了他們的精神世界，尤其是身在朝野的文人，他們對隱逸生活大多是充滿嚮往的。這種無比強烈的歸隱慾望推動了隱逸文化的形成，成為閒情文化的一個面向，也影響了文化中的審美傾向。

古代文人為了追求自我和閒情，選擇與社會隔絕的生活方式就是隱逸。但是這種隔絕不一定是絕對意義上的隔絕，而是心靈上和生活上的韜光養晦，所謂「大隱隱於朝，中隱隱於市，小隱隱於野」。古代文人類似於現在的知識分子，古代官員主要由文官構成，因此文人對整個時代的政治經濟等各方面都有很大影響。「隱士」這個詞中有一個「士」字，而「士」就含有知識分子和官員的意思，因此能夠做官卻不做官，也不想做官的人才叫做「隱士」。隱士既是文人中的一個群體，也是文人之中的優秀者，不是任何人棲身於田園山野之中就能夠稱為「歸隱」。

堯舜時期已經出現了隱逸山水的始祖。《莊子．讓王》中記載了好幾個這樣的故事：

堯以天下讓許由，許由不受。又讓於子州支父，子州支父曰：「以我為天子，猶之可也。雖然，我適有幽憂之病，方且治之，未暇治天下也。」夫天下至重也，而不以害其生，又況他物乎！唯無以天下為者，可以托天下也。

舜讓天下於子州支伯。子州支伯曰：「予適有幽憂之病，方且治之，未暇治天下也。」故天下大器也，而不以易生，此有道者之所以異乎俗者也。

舜以天下讓善卷，善卷曰：「余立於宇宙之中，冬日衣皮毛，夏日衣葛絺；春耕種，形足以勞動；秋收斂，身足以休食；日出而作，日入而息，逍遙於天地之間而心意自得。吾何以天下為哉！悲夫，子之不知余也！」遂不受。於是去而入深山，莫知其處。

舜以天下讓其友石戶之農，石戶之農曰：「捲捲乎後之為人，葆力之士也！」以舜之德為未至也，於是夫負妻戴，攜子以入於海，終身不反也。

堯舜時期，統治者的繼承人是依據德行進行選拔的，透過禪讓傳位，沒有產生「家天下」的專制統治。傳說堯想把天下禪讓給許由，但是許由不僅不接受，還去河邊洗耳朵，彷彿堯的請求侮辱了他。堯又想把天下讓給子州支父，子州支父說：「讓我來做天子，是可以的。不過，我患有很深、很頑固的病症，正打算認真治一治，沒有空閒時間來治天下。」統治天下就意味著擁有最高權力，卻不能因此而有礙自己的生命，更何況是其他的一般事物呢？只有忘卻天下而無所作為的人，方才可以把統治天下的重任託付給他。這種政治態度顯然是與堯不太相同的，許由和支父的推脫，不外乎是表達不同的政治見解，希望追隨自由生活的態度。

作為堯的繼承人，舜也希望採取禪讓制。於是他和堯一樣，去找了子州支伯，子州支伯卻同樣以「幽憂之病」作為拒絕的理由。天下應當是最為重要的東西了，可是卻不能因它而有損生命，這就是懷道的人對待天下跟世俗大不一樣的原因。

舜去找隱士善卷，善卷卻更直接地拒絕了。他說：「我處在宇宙之中，冬天披柔軟的皮毛，夏天穿細細的葛布；春天耕地下種，身體能夠承受這樣的勞動；秋天收割儲藏，完全能夠自給自足；太陽升起時就去下田，太陽下山了就返家休息，無拘無束地生活在天地之間，而心中的快意只有我自己能夠領受。我又何必去統治天下呢！可悲啊，你不了解我！」善卷的「日出而作，日入而息」的生活方式成了歷代隱逸之人最主要的追求。此時雖然隱逸文化並未成型，但是這種隱逸的觀念與追求顯然已經非常成熟了。善卷不僅是這樣說的，也是這樣做的。他拒絕了舜的請求之後，離家隱居深山，再沒有人知道他的住處。

舜又準備把天下讓給他的朋友，那是石戶地方的一位農夫，可惜連這位農夫也拒絕了他：「君後的為人實在是盡心盡力了，真是個勤苦勞累的人！」但是他認為舜的德行還未能達到最高境界，於是他們夫妻二人背的背、扛的扛，帶著子女逃到海上的荒島，終生不再返回。這種拒絕天下的態度是非常徹底的，隱士們為了保持生活的純淨與閒適情調，不惜拒絕天下，表現出對自己人生原則的堅持。

這些故事不管是真實的還是虛構的，都開創了文人隱逸的傳統。隨著時間的推移，這些最初的隱士形象越來越生動，成為文人隱逸理想最早的實踐者。他們自己勞動耕作，自給自足，不依靠別人，精神上更自由，可以盡情發展和享受閒情，對待社會現實卻又非常清醒，甚至擁有一種批判現實的精神，這樣的精神境界，即使是今天的知識分子也很難達到。他們出於自身性格、興趣等原因，不願意成為統治者束縛自己，更不願被權力政治所綁架。他們雖然具有安定國家、治理百姓的能力，卻更嚮往和追求自己的精神自由與價值理想。這種隱逸觀念的形成，對後來的文人們產生了偌大的影響。

魏晉的隱逸之風

魏晉時期是中國歷史上最具特色的時代之一，文人名士的風采情志發展得優雅、飄逸、瀟灑而又美麗，幾乎沒有任何一個時代能夠與之相比。時代的變遷和動盪造成人命的輕賤，司馬氏集團對文人的殘暴讓名士們動輒獲罪，既然在朝野之中已經無法體現文人才華，相反他們還可能成為政治犧牲品，那麼歸隱山林就成了文人名士的另一種選擇。

嵇康，字叔夜，是魏晉名士的代表之一，也是「竹林七賢」的領袖。他身材高大，外表不修飾卻俊美爽朗，是典型的美男子。《世說新語．容止篇》裡寫道：「嵇康身長七尺八寸，風姿特秀。見者嘆曰：『蕭蕭肅肅，爽朗清寧。』或云：『肅肅如松下風，高而徐引。』」嵇康文采斐然、博學多聞，確是魏晉名士的佼佼者。據《三國志．嵇康傳》記載：「嵇康家世儒學，少有俊才，曠邁不群，高亮任性。不修名譽，寬簡有大量。」嵇康善於作文評論，彈琴詠詩也是一把好手，性格恬靜，無慾無求，性好隱逸。嵇康之妻為曹操的曾孫女長樂亭主，因此嵇康曾經當過魏遷郎中，拜中散大夫，但是他此後一直拒絕司馬氏的招用，受到司馬氏的嫉恨。

嵇康雖然娶了曹氏宗室的女子，卻不以姻親之便為自己謀取一官半職，更不因司馬氏的政治壓力而進入仕途。相反，他選擇了另外一種生活態度，跟隨自己的閒情，修身養性，崇尚明志無為。他寫了〈養生論〉、〈釋私論〉等文章，表達了自己的人生志趣。嵇康不為官職所束縛，所以能夠超然地悠遊竹林、鳴琴唱和，成為當時的傳奇：

康嘗採藥遊山澤，會其得意，忽焉忘返。時有樵蘇者遇之，咸謂為神。至汲郡山中見孫登，康遂從之遊。康臨去，登曰：「君性烈而才雋，其能免乎！」康又遇王烈，共入山，烈嘗得石髓如飴，即自服半，余半與康，皆凝為石。又於石室中見一卷素書，遽呼康往取，輒不復見。烈乃嘆曰：「叔夜志趣非常而輒不遇，命也。」其神心所感，每遇幽逸如此。

嵇康採藥遊山，每當感覺意趣得到充分滿足，便忘記了返回。時常有砍柴的樵夫遇上他，都稱他為神人。有一次嵇康來到汲郡的山裡，遇見了著名的修仙隱士孫登，於是追隨他一起前行。嵇康要離開的時候，孫登說「你這樣性情剛烈，又才華出眾，怎麼能在亂世中倖免呢！」孫登的意思是本來有才能的人就容易招來禍患，而像嵇康這樣性情剛烈的，更容易觸犯他人，孫登果然一語成讖。

後來嵇康又遇到了王烈，他們一起進山。王烈曾經得到像飴糖一樣的石髓，老人服用後長出了牙齒，病人服用後會痊癒，平常人服用之後能成仙。王烈馬上自己吃了一半，剩下一半留給嵇康，可是嵇康拿到的石髓卻馬上凝固成了石頭，說明他仙緣不夠，不能成仙。王烈又在石室中看到一卷白色的書，那是一本寫在絹帛上的仙書，就馬上叫嵇康去拿，可是書馬上又不見了。王烈於是嘆息道：「叔夜的志向與情趣都不平常，卻總是不能遇上成仙的契機。這真是命運啊！」

嵇康的求仙不成功是沒有仙緣的表現，但是他能夠遇到這些事情，已經非常難得了，是只有像他那樣志趣的人才能夠遇到的。所以即使沒有仙緣，只要能夠一心嚮往，也往往會有不可思議的遭遇。

嵇康雖有志於養生、修仙和隱逸，但司馬氏的殘暴使耿直的他無法保持沉默。當司馬氏弒殺曹髦之後，嵇康終究還是寫下了《難自然好學論》如此迫切的篇章，公開嘲諷司馬氏集團的虛偽說教，同時還無比尖銳地諷刺了那些名教禮法之士。他在文中寫道：「今但願守陋巷，教養子孫，時與親舊敘離闊，陳說平生，濁酒一杯，彈琴一曲，志願畢矣。」在種種現實的黑暗面前，嵇康展現出了傲然不屈的偉岸風姿。他在痛苦中選擇了超脫，選擇跟隨自身的閒情，放棄對現實政治的參與，僅以文字表達心緒。於是諸多怪誕行為由此而生，這不僅是對醜惡現實的一種反抗，也是對自身的一種救贖。

嵇康的朋友山濤升職後曾經舉薦他做官，但是嵇康憤怒地寫出一封絕交書以示自己的決心。書中公開批評司馬氏「非湯武而薄周孔」，使得司馬氏極為惱怒，嵇康在政治上保持非常堅持的牴觸態度，得罪了當權者，也導致了他一生坎坷。最後被司馬氏找了個藉口將他處死：

康將刑東市，學生三千人請以為師，弗許。康顧視日影，索琴彈之，曰：「昔袁孝尼嘗從吾學〈廣陵散〉，吾每靳固之，〈廣陵散〉於今絕矣！」時年四十，海內之士，莫不痛之。

嵇康就要在東市受刑，有三千名太學生想拜嵇康為老師，他沒有答應，而是看了看太陽的影子，要了琴來彈，說：「從前袁孝尼想拜我為師，學習〈廣陵散〉曲，我都嚴守祕密沒有教他，這首〈廣陵散〉，從今以後就斷絕了！」這便是「〈廣陵散〉於今絕矣」的故事，那個時代容不下富有才華、修身養性，卻又關注和抨擊社會黑暗的嵇康，他的離去，是整個時代的不幸。

田園生活的閒情體驗

嵇康的名氣太大，政治影響和文學影響之大讓當權者無法忽視他，這也是造成他悲劇命運的主要原因。而對於一般的小官員如陶淵明者來說，能夠「不為五斗米折腰」，毅然歸隱，躬耕南畝而終身不為官，則是真正屬於個人的毫無牽掛的歸隱，而不是作秀給任何人看的。這在隱逸傳統中開創了一種新的標準和氣象，使陶淵明成為隱士史上影響最為深遠的人物，沒有任何人能夠與他並列，陶淵明從此成為歸隱最突出的符號和標誌。陶淵明所作的《五柳先生傳》正是對自己隱逸生活的最真切寫照。

> 先生不知何許人也，亦不詳其姓字。宅邊有五柳樹，因以為號焉。閒靜少言，不慕榮利。好讀書，不求甚解；每有會意，便欣然忘食。性嗜酒，家貧不能常得。親舊知其如此，或置酒而招之。造飲輒盡，期在必醉；既醉而退，曾不吝情去留。環堵蕭然，不蔽風日，短褐穿結，簞瓢屢空，晏如也。常著文章自娛，頗示己志。忘懷得失，以此自終。
> 贊曰：黔婁之妻有言：「不戚戚於貧賤，不汲汲於富貴。」極其言，茲若人儔乎？酣觴賦詩，以樂其志，無懷氏之民歟！葛天氏之民歟！

陶淵明沒有使用第一人稱，而是以旁觀者的身分寫自己的生活——這位先生不知道是什麼地方的人，也弄不清他的姓名。他的住宅旁邊植有五棵柳樹，因此就用「五柳」作為他的別號了。五柳先生安閒沉靜，不好言談，也不羨慕榮華利祿。喜歡讀書，但不執著於對一字一句的瑣細解釋；每當讀書有所領悟的時候，就會高興得忘了吃飯。他嗜好喝酒，但因為家貧總是沒酒喝。親朋好友知道他這種境況，有時備酒招待他。他前去飲酒時總是開懷暢飲，直到大醉方休；醉後就向主人告辭，從不以去留為意。他的房子四壁空空蕩蕩，破舊得連風和太陽都無法遮擋，穿的粗布短衣縫滿了補丁，飲食簞陋而且經常短缺，而他卻能安然自得。常常以寫詩作文章當娛樂，抒發自己的志趣。他能夠忘掉世俗的得失，只願這樣度過自己的一生。

黔婁的妻子曾經這樣評價自己的丈夫：「不因為處境貧困而終日憂心忡忡，不為了追求富貴而到處奔走鑽營。」推究她所說的話，五柳先生不就是黔婁那樣的人物嗎？飲酒賦詩，滿足自己的志趣，這不是成了生活在無懷氏、葛天氏時代的人了嗎？

陶淵明的很多觀念在當時的人看來可能是離經叛道的，他喜歡讀書，卻不執著於章句，只要能夠領會書的意蘊，就感到滿足。他喜好飲酒，知道如何能夠在酒中抒發閒情。他不貪慕榮華利祿，在幾乎徒有四壁的家中也能自得其樂。他能夠參透人世，超然物外，他的人生感悟是從閒情揮灑之中獲得的。這些頗有哲理意味的文字是陶淵明留下的心靈體驗，也影響了文化中的整個隱逸傳統。

隱逸與入仕

西漢時期，在當時的蜀郡，也就是現在的四川有一位隱士，姓嚴，名遵，字君平。此人學識淵博，哲思玄深，品行高潔。著名的文學家揚雄是他的學生。嚴君平雖然德高才俊，卻安貧樂道，守節自貞，堅絕不入朝作官。他精通《周易》，崇尚老莊，在成都街頭開了一個卜卦攤，以算卦為生。每日賺幾個小錢，倒也足以維持生計。天天賺夠了伙食費就關門，在家裡著書，自己感到充滿樂趣。他雖然隱居於市，無意為官，但由於他的學生揚雄的緣故，他的名聲很大。有這樣一位遺世高人在蜀郡，每一任蜀郡長官都千方百計地請他出來為官，有的甚至找到他的學生揚雄幫忙勸說，但無奈誰也說服不了他。甚至有的官員想跟他認識、交往，他都不答應。

當時有一個富豪，名叫羅沖，他與嚴君平很熟。他看到嚴君平才高而隱於市，以為他是因為家貧，無力外出求官，就主動備了車馬、行李，再加上許多銀兩，來到嚴君平家，打算資助他離家求官。因為他知道，憑嚴君平的學識和才能，要求官易如反掌。羅沖帶著財物來到嚴君平的家，對他說：「以先生的品行才能，埋沒在市井中太可惜了！您如果外出求官，必定是輔國之位。我知道您家境貧困，無力出行，便備下了這些東西和銀兩，供您外出求官之用。請您千萬不要推辭，就當作是朋友的禮物吧！」嚴君平看到這些東西，又聽了他的一番話哈哈大笑：「您怎麼送東西給我？您是不足之人，我是有餘之人。不足之人送東西給有餘之人，這不是弄顛倒了嗎？」

羅沖笑著說：「先生是在開玩笑吧！我家有萬金，這點財物對我來說不算什麼，而先生您家裡存糧不滿一甕，怎麼能說您有餘而我不足呢？」嚴君平鄭重地說：「您說的不對！前些日子，我在您家裡住了一宿，看見半夜時您的家人還在工作而不休息。這樣日夜忙忙碌碌，難道不是不足嗎？而我以卜卦為業，不用出門，錢就來了，到現在還剩餘幾百文錢，上面積了很厚的灰塵，我都不知道用它來做什麼！這不是我有餘而您不足嗎？」聽了這位隱者的高潔情懷，羅沖頓時感到自己太俗氣了，不禁慚愧得一句話也說不出來。嚴君平感嘆地說：「要想增加財富，必然要損害精神；要想弘揚名聲，必然勞損身體。我不願為名為利損身勞神，所以我是不會當官的。」他的這番話流傳出去，人們都嘆服這位道家高士的隱逸情懷。

唐宋時期，隱逸之風大盛。統治者和朝廷尊重文人，優待文人隱士。文人的價值觀念、獨立人格以及生活情趣得到重視，逐漸形成承前啟後的隱逸文化。文人普遍重視道德、文章，重視人格、氣節，看清功名利祿，為此隱居的文人也增多了。官場中隱於朝堂之上的人也很多，官場中亦官亦隱，淡泊明志，廉潔為官，心裡卻渴望歸隱山林，為此淨化心靈，寄託情志。由於唐宋時期經濟相對比較發達，人們的生存更加容易，而隱士也有了存在的基礎。因此對於隱士的存在，人們見怪不怪，唐宋時期形形色色的隱逸都能夠得到成全，這恐怕是任何一個朝代都難以比擬的。

隱士和隱逸文化是傳統文化的獨特現象，隱士在隱居生活中所追求的生活方式、精神樂趣和價值理想都是與眾不同的。古代隱士退隱主要是為了表達對政治的不滿和抗議，一般來說，如果沒有經濟仕途方面的挫折，文人似乎也不會退隱。但是隨著時間的推移，這種本來是無奈的選擇卻逐漸發展成一種自覺的追求，隱逸文化依託老莊哲學，成為中國古代文人創造的充滿詩情畫意的理想。這種理想是充滿號召力的，與現實世界的功名利祿和成敗榮辱沒有關係，而是完全依託閒情而發展的審美理想。隱逸之所以大受歡迎，是因為傳統文化中的審美情趣和閒情雅致幾乎都集中於此。這是一種追求精神自由、重視生命意識，並且願意沉浸於孤獨寂寞之中的生命選擇。

第三章　個人生活中的閒情

第一節　閒情寄絲竹——琴棋書畫

四藝的發展

當人們稱讚一個人多才多藝的時候，往往會說他「精通琴棋書畫」，但是現在的「琴棋書畫」和古代的「琴棋書畫」所代表的意義是完全不同的。古人說的琴，是一種有弦的彈撥樂器，特指那種七根弦的古琴。棋，古人單指圍棋。書、畫即書法和繪畫。琴、棋、書、畫都有悠久的歷史，綿延至今已經數千年之久。根據唐代張彥遠的《法書要錄》記載，唐玄宗朝的何延之〈蘭亭始末記〉之中最早將這四種藝術合在一起描述：「辯才博學工文，琴棋書畫皆得其妙。」何氏讚賞僧人辯才在學問和文藝方面特別出色，文就是寫文章，而琴棋書畫則是屬於藝術類，古人後來將四者歸入「藝」的範疇，合稱為「四藝」。

現在已經很難考證，「四藝」的說法最早是從什麼時候開始的，從今天能見到的古人記載來看，最早提及「四藝」的應該是明末清初李漁的《閒情偶寄》，其中〈聲容部〉提到：「以閨秀自命者，書、畫、琴、棋四藝，均不可少。」李漁不但在書中詳細論述了女性的外在美，還強調了其內在的修養，而這就是「琴棋書畫」。他否定了「女子無才便是德」的觀念，認為「才」與「德」並無牴觸。「四藝」原本是古代文人官員寄託閒情，用來修身養性的活動，也是他們閒情之所至的時候，為自己培養的興趣和愛好。

明清時代連大家庭中的閨秀女子也受到了這種風氣的薰陶。清代曹雪芹的《紅樓夢》中賈府的四位大小姐元春、迎春、探春、惜春的丫鬟名字，都是按照主人所擅長的琴棋書畫來取的。元春只在省親一回出現過，雖沒有提及她喜歡彈琴，卻知其婢女名「抱琴」，估計她應該是擅長或喜愛彈琴的。至於迎春，她誤嫁孫紹祖後，寶玉在迎春曾經住過的紫菱洲徘徊，隨口吟誦了兩句詩想念她：「不聞永晝敲棋聲，燕泥點點汙棋枰」，由此可見迎春從前醉心下棋，所以給她的侍婢取名「司棋」。探春精於書法，給自己取了個號叫做「蕉下客」，是從唐代書法家懷素取「蕉葉練字」的典故中來的，第二十三回中提到元春要探春依次抄錄眾人在大觀園的題詠，自然是她的書法高於他人的緣故。她的兩個丫鬟取名「侍書」和「翠墨」便是來源於此。惜春擅長畫畫，書中多處描述她在大觀園繪畫的情景，她的丫鬟就取了「入畫」這名字。賈府四位小姐，各自擅長琴棋書畫的一種，非常符合人們對富貴之家女子的美好想像。

高山流水之音

古琴是中國古代最古老的樂器之一，也是最早的彈弦樂器，在古時文人心中視為高雅的代表，琴音悠遠，高山流水知音流傳至今。古琴是細膩含蓄的，能夠不動聲色地控制輕重緩急。這就決定了它不適合作為合奏樂器，只適合獨奏。與古琴相和的唯有簫，簫的幽怨迷離和琴的古雅通脫揉合成林下之風，超脫現實之境，而這也正是古琴被傳統文人所偏好的原因所在。古琴的聲音是讓人迷戀的，泛音的輕靈清越，散音的沉著渾厚，按音的或舒緩或激越或凝重。演奏古琴時使用的注、猱、撞、吟等指法，讓人真正體驗到餘韻裊裊、象外之致的味道，就好像一炷香慢慢地在空中舞蹈，且實且虛，繚繞而去，彷彿中國畫中的那種水墨煙雲的感覺。

歷史上流傳著不少有關古琴的美談。三國孔明以其過人的智慧，在空城危急之時，焚香操琴，用一派悠閒模樣嚇退了司馬懿，「空城計」成為後世戲曲中傳唱不衰的經典故事。西漢司馬相如一曲〈鳳求凰〉，贏得了卓文君的芳心，這是著名的以古琴為媒的愛情故事。漢景帝中元六年，司馬相如回到蜀地，當地的富豪卓王孫正準備宴席請客，於是縣令王吉邀請司馬相如一起參加宴會。客人們大多被司馬相如的堂堂儀表和瀟灑風度所吸引，酒過三巡，王吉請司馬相如彈一曲助興。於是司馬相如演奏了著名的〈鳳求凰〉：「鳳兮鳳兮歸故鄉，遨遊四海求其凰。有豔淑女在閨房！室邇人遐毒我腸。何緣交頸為鴛鴦，胡頡頏兮共翱翔！」他精湛的琴藝不僅博得了眾人的讚賞，更吸引了隔簾聽曲的卓文君。

卓文君是富豪卓王孫的女兒，因丈夫去世，回到娘家守寡。司馬相如美妙的琴聲使文君聽得如痴如醉，再加上他的相貌堂堂，於是卓文君便對他有了好感。這曲〈鳳求凰〉的歌詞即使在今天看來也是相當直率、大膽、熱烈的求愛之語，自然使得在簾後傾聽的卓文君怦然心動，並且在與司馬相如會面之後一見傾心，雙雙約定私奔。當夜，卓文君收拾細軟走出家門，與早已等在門外的司馬相如會合，從而完成了兩人生命中最輝煌的事件。二人同到成都結了婚，從此一起生活。這就是有名的「文君夜奔」的故事。而這段千古佳話的大媒就是那一曲〈鳳求凰〉。

對弈手談之樂

棋指圍棋，它伴隨著儒、釋、道思想和其他文化藝術，融貫於綿延千年的中華文明史。在琴、棋、書、畫之中，又以圍棋最為特別，因為棋不僅具有其他藝術的許多共性，諸如抒發意境、陶冶情操、修身養性等，而且下棋還與天象易理、兵法策略、治國安邦等相關聯，深受文人歡迎。圍棋的別名很多，並且各有來歷。有人稱它為「方圓」，是因為圍棋棋盤為方形，棋子、棋盒為圓形；有人稱它為「烏鷺」或「黑白」，是因為圍棋分黑、白兩色，黑子似烏鴉，白子如鷺鷥；有人稱它為「坐隱」，是因為弈棋時，兩人對坐，專心致志，諸事不聞不問，猶如隱居一般；有人稱它為「手談」，是因為文人下棋時，總是默不作聲，僅靠一隻手拈起棋子來鬥智鬥勇，其落子節奏的變化、放棋力量的大小等都可反映出當局者的心智，如同在棋局中以手語交談一般，因此稱為「手談」。

圍棋歷史悠遠，有關圍棋起源的傳說很多，目前公認它起源於堯帝。晉代張華《博物誌》中提道：「堯造圍棋，以教丹朱。」相傳，上古時期堯定都平陽之後，農耕生產和人民生活一派繁榮興旺。但有一件事情卻讓堯很憂慮，堯的妻子散宜氏所生子丹朱雖長大成人，卻不務正業遊手好閒，常招惹禍端。大禹治水不久，丹朱常常在湖中坐船遊蕩，家也不回，母親的話也不聽。散宜氏對帝堯說：「堯啊，你只顧忙於處理百姓大事，兒子不聽話你也不管教，他以後怎麼能替你幹大事呢。」帝堯沉默良久，管教丹朱必須要先穩定他的性格，教他學會幾樣本領，便對散宜氏說：「你讓人把丹朱找回來，再讓他帶上弓箭到平山頂上去等我。」

這時丹朱正在汾河灘和一群人戲水，堯的衛士們過來將他帶上了平山，把弓箭塞到他手裡，對他說：「你父帝和母親叫你來山上打獵，你可得給父母爭氣啊。」丹朱心想：「射箭的本領我又沒學會，怎麼能好好打獵呢？」於是他怎麼也不肯學習打獵。此時，帝堯從山下被人攙扶上山，衣服也被刮破了。看到父帝氣喘吁吁的樣子，丹朱不免有些心軟，只好向父帝作揖跪拜：「父帝這把年紀爬這麼高的山，讓兒上山打獵，不知為何？」帝堯擦了擦汗，坐在一塊石頭上，問：「不肖子啊，你已經長大了，卻還不會任何生活本領，將來如何生活？你看土地如此寬廣，山河如此美好，你為何不好好學學治理國家呢？」丹朱眨了眨眼睛說：「這山上並無飛鳥走獸，我怎麼能打到動物呢？天下百姓都聽您的話，土地山河也治埋好了，哪裡需求兒子再替您操心呀。」

帝堯一聽丹朱如此不思上進，只得嘆了一口氣說：「你不願學打獵，就學行兵征戰的石子棋吧，石子棋學會了，也很有用處。」丹朱聽父帝不再叫他打獵，而改學下石子棋，心裡稍有轉意，「下石子棋還不容易嗎？坐下一會兒就學會了。」丹朱扔掉了箭，要父親立即教他。帝堯說：「一朝一夕如何能學成，你得肯學。」說著拾起箭來，用箭頭在一塊平坡山石上用力刻畫了縱橫十幾道方格子，又讓衛士們撿來一大堆山石子，分給丹朱一半，手把手地將自己在率領部落征戰過程中如何利用石子表示前進後退的作戰謀略，傳授講解給丹朱。圍棋就是這樣發明的。

宋代的羅泌在《路史》中也記載了這個故事，但是稍有不同。堯娶妻富宜氏，生下兒子丹朱。丹朱行為不好，堯至汾水之濱，見二仙對坐翠檜，劃沙為道，以黑白行列如陣圖。帝前問全丹朱之術，一仙曰：「丹朱善爭而愚，當投其所好，以閒其情。」指沙道石子：「此謂弈枰，亦名圍棋，局方而靜，棋圓而動，以法天地，自立此戲，世無解者。」於是堯根據仙人的指點創造了圍棋。丹朱學了下棋之後，果然有了長進，不再像以前那樣渾渾噩噩了。

圍棋不僅僅在文人名家流傳，後來也流傳到民間，一般人家也能學習圍棋，在平時生活中對弈遊戲，抒發閒情。王積薪是唐代棋壇的第一國手，生於武則天時期，家庭出身貧寒，父母早亡，從小以砍柴謀生。他十分勤勞，砍下的柴草堆積如山，故以「積薪」為名。那時佛教盛行，山林中寺廟頗多，廟中僧人也常下圍棋。王積薪上山砍柴，每遇僧人下棋，就在一旁觀摩，興趣盎然。他很快學會了下棋，並和僧人對弈起來。僧人見他聰明好學，進步很快，便送給他棋圖和《弈棋經》，鼓勵他繼續學棋。王積薪也不負眾望，成為一代圍棋名家。

天寶十五年，唐玄宗因安祿山造反，逃往四川。王積薪也跟了去。途中，一天夜晚，王積薪借宿在一位老婦人家的屋簷下，聽得屋內老婦人和她的媳婦躺在床上對話：「夜很長，一時也睡不著，咱們來下盤圍棋吧！」王積薪好不奇怪：「屋裡沒有燈，躺在床上怎樣下圍棋呢？」便側耳細聽。「起東南九放一子。」媳婦說，「東五南十二放一十。」老婦人回答。「起西八南十放一子。」「西九南十放一子。」……兩人這樣你一句我一句，一共下了三十六著棋。忽聽老婦人說：「你輸了。我勝了九路。」王積薪聞言驚異不止，在鄉村裡竟有這樣天才的女棋手，不用棋盤、棋子，只是憑空想像，就能下出這樣的妙棋，他自嘆不如。

天亮後，他走進屋裡，向老婦人請教說：「夜裡聽得你們口說下棋，十分欽佩，可否給我指教一番？」老婦人便叫王積薪擺出棋盤棋子來，由媳婦給他一一講解昨夜下的那局棋。王積薪才發現了這盤棋中的奇妙之處，便把它叫做「鄧艾開蜀勢」，帶回去認真研究，大受教益，棋藝更進一步。

濃墨重彩之意

書、畫雖然是兩種藝術形式，但它們卻是密不可分的。中國的文字由象形文字發展而來，早期有甲骨文、金文，現在能看到的有刻在龜甲上的甲骨文，也有青銅器上的銘文。先秦時期字體逐漸統一，人們用刀把字刻在竹簡上，有篆書、小楷等，漢以後主要用毛筆書寫，有隸書、魏碑、楷書、行書、草書、宋體等各類字體，大大豐富了書法藝術，一直流傳至今，長盛不衰。

書畫同源，都源於象形文字。沒有獨特的漢字就不會有書法和中國畫藝術。漢字重形體，以形體表意義。以簡單的筆、墨為書寫工具，一段裝著一撮動物鬚毛的竹管，蘸上濃黑的汁液，在紙上塗抹一番，就能創造一幅幅靈動傳神的美術作品。中國的繪畫藝術不像西方繪畫細緻寫實描摹，而更注重主觀情感的表現。所以中國畫中最有特點的不是工筆，而是「寫意」，注重「留白」和意境。書法也是一樣，同樣的漢字不僅可分為各種字體，而且不同的人寫出來，面貌各異，卻並不妨礙識別。這是因為漢字本身就是一種藝術，書畫家在創作時，必然融進自己的情感，表現出自己的個性和風格。所以從某種意義上說，書法、繪畫同詩歌一樣，是一種抒寫情懷的載體。

古人常說：「詩中有畫，畫中有詩」，因為詩人和書畫家將他們的創造力投入作品之中，表達出來的閒情逸致在根本上是一致的。純客觀地寫景狀物寫不出好詩；同樣，僅僅達到形似，也畫不出好畫；僅僅做到正確地書寫字形，只能叫寫字而不能叫書法。從詩、書、畫的共同特徵可以看出，中華民族的各種藝術形式中，以抒情類藝術最為發達，中華民族是一個情感豐富，並且善於表達和抒發閒情的民族。

北宋末年的著名書畫家米芾，是一個豪邁放達的人。他狂放不羈，人稱「米顛」。他也欣然接受，在自己的書畫作品上以「顛」落款，流傳後世。這個名號的來歷頗有意思。話說宋徽宗當政時期，不但自己沉迷於書畫，還創辦了翰林圖畫院，供養了一百多位書畫家，專為皇室作畫。米芾也是當時的書畫名流之一。一日，徽宗宣米芾進宮，命他在屏風上書《周官》。當時，許多朝臣都在場觀藝。米芾拿起御筆，在一方御硯中探筆潤墨，他突然發現，這方御硯澀而不滯，養墨不乾，不知是何處進貢的上用珍品，頓時心生喜愛之情。

米芾凝注心神，運筆如飛，不一會便寫畢，大殿內的朝臣齊聲喝彩，都說：「米氏之書，果有二王遺風。」二王是指晉代的書聖王羲之和其子王獻之，他們被奉為書界聖賢。可米芾寫字，追求獨特的風格，絕不模仿任何前人，因此他對群臣的評價很不滿意，把筆一摔，也不顧君前失禮，說：「一掃二王惡風，照輝宋王萬古。」徽宗皇帝聽了這話非常高興，他素來喜歡米芾的豪放性格，便問米芾想要什麼賞賜，米芾答道：「臣不要高官厚祿，只求方才所用的端硯。」徽宗於是將那方端硯賜給了米芾。

對於一個痴迷書畫和金石的人來說，能得到一方稀世寶硯，實在是如獲至寶。米芾趕忙跪倒謝恩，拔腿就往放硯臺的徽宗的桌前跑，匆忙之下，一隻腳踩到另一隻腳的腳後跟上，差點摔了一跤。他跑到徽宗的桌前，一把抓過御硯就往懷中放，滿滿一硯的墨汁順著他的身體往下淌，一直流到腳上，弄得渾身上下一片墨跡。眾人看了大笑不止，他卻如三歲小兒一樣，毫不在乎別人的反應，高興得直跳。徽宗見此情景大笑不止，隨口說：「好個米顛！」米芾聽了這話，又轉過身來，一本正經地向徽宗叩謝道：「謝主賜號！」從那以後，米芾便以「米顛」為號，流傳後世的作品落款都署「米顛」。

中國畫歷來以寫意為主，歷史上的著名畫家，多以寫意著稱於世。他們追求的是「得其意忘其形」的境界，只追求形似的畫家和作品一般會被視為下品，神似才是作品獲得生命力的根本。甚至有傳說，畫上的景物能夠因為神似而獲得生命變成了活物。南北朝時梁武帝信崇佛教，建了許多寺廟，並大興寺內裝飾。在金陵安樂寺，著名畫家張僧繇進行壁畫創作。他畫了四條白龍，卻沒畫眼睛。人們很奇怪，都去問他。他總是說：「不能點睛，點睛它就會飛走了。」大家都認為這是無稽之談，紛紛要求他點上眼睛。張僧繇無奈，就給其中的兩條龍點上了眼睛。剛剛畫完，雷電忽作，炸破牆壁，這兩條龍騰飛而起，乘雲飛上天去，只剩下兩條沒點睛的龍還留在牆上，這就是著名的「畫龍點睛」的故事。

唐代書法家張旭，以草書聞名於世，曾觀看公孫大娘舞劍，受到啟發，使自己的草書更流暢多變、狂放恣肆，被稱為「草聖」。唐代大畫家吳道子，只在興致高昂之時揮毫作畫，乘興而為，使自己的畫作更具有意蘊。開元年間，吳道子作為唐玄宗的待詔，隨駕到洛陽。在那裡他見到了自己的老師張旭和舞劍名家裴將軍。裴將軍之母剛去世，因此他想以金帛為酬，請吳道子在洛陽天宮寺畫幾幅壁畫，為母祈福。吳道子知道他是劍術高手，想一睹他的舞劍神技，就說：「我的老師張旭曾有幸觀看公孫大娘舞劍，從她那美妙的舞姿中受益頗多，書法也因此更進一步。我不要金帛，只想在作畫之前觀賞一次您的劍術，只是不知您能否答應？」

裴將軍欣然換上便裝，手提青龍寶劍，為吳道子舞起劍來。他英姿勃勃，靜若處女，轉若游龍，躍如猛虎，剛柔交織。吳道子看得心中激盪不已，乘興拿過筆墨，揮毫塗壁，筆走龍蛇，與裴將軍的劍意氣勢相和，將一幅〈佛像圖〉一氣呵成。那佛像若即若飛，飄逸俊秀，令人嘆為觀止。張旭也激動不已，乘興揮筆，寫下一幅壁書。那幅字寫得如龍飛鳳舞，似飛瀑流泉，一氣貫下，無隙可乘。一時間，三人相視大笑。他們的配合達到了完美的境界，被洛陽人稱為「三絕」。

清代畫家鄭板橋以畫竹聞名，所畫之竹風格獨特，別有意趣。一次鄭板橋帶著幾個衙役出遊符山，一路上登山賞景，來到山頂的「飛燕閣」。一位老道士見他舉止不俗，就請他到後殿用茶。閒談中，老道士才知道他就是大名鼎鼎的畫家鄭板橋，便請他為道觀的殿閣作畫。鄭板橋興致正高，便展紙揮毫。頃刻，半根竹子便躍然紙上。這時，一群飛燕從頭頂飛過，鄭板橋抬頭看時，只見大殿後壁上有一幅巨大的壁畫，畫上群燕飛舞，千姿百態。鄭板橋凝神細看才發現，真燕與畫燕混雜，難辨真假。道士又告訴他曾有一隻老鷹誤認為畫中飛燕是真，一躍而下，結果撞牆而死。鄭板橋對這無名氏的飛燕圖讚嘆不已，自愧不如，便在自己的半根墨竹畫上題詩一首：「枉為江南一畫師，墨竹難移齊魯地。飛燕凌空譏半竹，驚嘆不及無名氏。」寫完，他告辭而去，留下了「飛燕凌空譏半竹」的詩句和一段美妙佳話。

第二節　夜雨剪春韭——飲食文化

食不厭精的飲食追求

如果說琴棋書畫是個人生活閒情中比較「雅」的部分，那麼飲食玩樂則是生活閒情中比較「俗」的部分。這裡的飲食並不指填飽肚子而進食，而是指博大精深的飲食文化。子曰：「食不厭精，膾不厭細。」中華飲食文化要求色香味俱全，講究五味調和。李漁作《閒情偶寄》，專門辟出「飲饌」一章，細說各種食材、烹飪方式。而且飲食文化沒有階級之分，不管是高官豪門還是尋常百姓，甚至路邊乞丐，都有自己的美食文化。無論是充滿野趣的「叫花雞」，還是精心烹製的「茄鯗」，最後都成為飲食文化中的一份子。而袁枚所作的《隨園食單》中，分為須知單、戒單、海鮮單、江鮮單、特牲單、雜牲單、羽族單、水族有鱗單、水族無鱗單、雜素單、小菜單、點心單、飯粥單和茶酒單十四部分。可見中國的飲食文化不管是食材、口味，還是烹飪方式，都非常豐富，讓人們有充分的選擇餘地。

「民以食為天」，人們對飲食的追求可以說是無限的，在文人筆下，飲食就成了雅事。中國的人善吃、好吃，菜系世界聞名。過年的時候最重要的節目就是吃。一到冬季，尤其是孩子們都日夜盼望過年，因為，平時很少吃到的東西這幾天都會開放供應。此外，大部分節日也往往跟飲食相關，正月十五吃元宵，清明又稱寒食節，端午節要吃粽子，中秋節有月餅，重陽節有重陽糕，臘八節要喝臘八粥。飲食的記憶往往是最深刻的，到了某個節日，就會自然想起某一種食物和相應的味道。

春秋末期吳國的公子光欲殺吳王僚自立，伍子胥為他介紹了刺客專諸。專諸不愧是四大刺客之一，他花了數月時間跟蹤吳王，終於發現王最愛「炙魚」。於是，專諸遍訪名師，用三個月時間向太湖附近一位精於此道的師傅學習烤魚。名師出高徒，吃過專諸烤魚的人均讚不絕口。四月的一天，好戲拉開大幕。公子光對吳王僚說，家裡有個特別會做烤魚的師傅，請其過府品嚐。僚思索再三還是欣然前往。酒過三巡，烤魚做好了，香味蔓延到大殿的每一個角落。當垂涎欲滴的吳王僚正要下筷時，一柄鋒利無比的短劍以迅雷之勢自魚腹中抽出，穿過吳王僚那號稱堅不可摧的鎧甲直入其心臟。吳王應聲倒地的剎那，著名刺客、烤魚師傅專諸也壯士不歸。

東晉襄陽人羅友生性好吃貪杯，是當時有名的美食家。據《世說新語》記載：

羅友作荊州從事，桓宣武為王車騎集別，友進坐良久，辭出。宣武曰：「卿向欲咨事，何以便去？」答曰：「友聞白羊肉美，一生未曾得吃，故冒求前耳，無事可咨。今已飽，不復須駐。」了無慚色。

羅友恭恭敬敬地到桓宣武那去拜謁，就是要諮詢一下白羊肉的味道。吃飽之後，他滿足地退下，臉上絲毫沒有慚愧的神色。因為對於愛吃之人來說，為了品嚐新的味道做出的舉動是理所當然的。

西晉著名的文學家張季鷹，本名張翰，號稱「江東步兵」，與阮籍齊名。據《世說新語》記載，此人曠達不拘，做人非常瀟灑。關於他的故事中，最有名的就是「蓴鱸之思」了：

張季鷹辟齊王東曹掾，在洛，見秋風起，因思吳中蓴菜羹、鱸魚膾，曰：「人生貴得適意爾，何能羈宦數千里以要名爵！」遂命駕便歸。俄而齊王敗，時人皆謂見機。

張季鷹調任齊王的東曹屬官，在首都洛陽，他看見秋風起了，便想吃老家吳中的蓴菜羹和鱸魚膾，說道：「人生可貴的是能夠順心罷了，怎麼能遠離家鄉到幾千里外做官，去追求名聲和爵位呢！」於是坐上車就南歸了。不久齊王戰敗，當時人們都認為他抓住了退隱的時機。

「人生貴得適意爾」，這是張季鷹的感慨，也是他的一大人生追求。生活得舒服開心，能夠順從自己的意願，其實不管是古代還是現在，都是很難得的。人生不如意事十之八九，在這種以「不如意」為主導的生活中，人們能做的可能也只有盡量滿足自己的口腹之欲，以面對更嚴峻的生活挑戰。前文說閒情是支持人們生活的力量，道理也是一樣的。

文人的飲食故事

北宋文豪蘇軾，一生仕途坎坷，因此他將自己的學識智慧投入在文學創作和生活閒情之中。他有很多關於飲食的評論，還發明了一些新的食物，如「東坡肉」、「東坡魚」等。蘇軾號東坡，中國四川眉州人，甚至現在還有名為「眉州東坡」的川菜館子，可謂對這一老饕綿延至今的紀念。傳說蘇軾被貶黃州的時候，閒來無事常親自下廚，某日友人來訪，他便買了不少豬肉待客。黃州物產豐富，糧多豬多，因此肉價便宜。他將豬肉下鍋燉了，便和友人下棋去了，哪知棋逢對手，當他想起鍋裡的燉肉，匆匆忙忙跑到廚房時，原以為一定燒焦的豬肉，卻發出撲鼻的香氣，且色澤紅潤，汁濃味醇，糯而不膩。自此，這道東坡肉不僅經常登上蘇大學士的餐桌，也成就了其美食家的大名。為此，他還專門作了一首〈豬肉頌〉，向世人介紹如何烹調豬肉：

黃州好豬肉，價錢如泥土。富者不肯吃，貧者不解煮。早晨起來打一碗，飽得自家君莫管。

孔子曾說：「君子不食溷豚」，即君子不吃狗肉和豬肉。古代醫學典籍中大醫學家們對豬肉的看法雖然不同，但卻異口同聲地認為豬肉不可食。《本草綱目》裡面提道：

「豬，水畜，咸寒，肉有小毒。」藥王孫思邈也曾說道：「久食令人少子，發宿病、筋骨碎痛之氣。……南豬味厚，汁濃，其毒尤甚。」中醫認為豬吃得肥胖，味道濃厚，其中的毒也多，對人體沒有益處。在這種思想影響下，古人雖然養豬，但平時吃豬肉的次數卻是屈指可數的。

蘇軾這首〈豬肉頌〉其實就是教人如何製作豬肉的，少放些許水，最要緊的是小火慢燉。當時的豬不吃飼料，也沒有瘦肉精，生長的週期長，比現在的豬肉天然多了。所以當火候到了的時候，肉香陣陣，要是能每天吃上一碗，那滋味鮮香，無可比擬。只要自己吃飽了，誰還管別人說什麼「豬肉不可食」之類的話呢？這首〈豬肉頌〉流傳甚廣，而且蘇軾特意使用通俗之極的語句，是真心希望天下人，至少是當地百姓能夠認識到豬肉的美味的。而人們也將這種烹調出來的豬肉稱為「東坡肉」，一直流傳至今。

蘇東坡晚年被貶海南島，雖然生存條件非常惡劣，但他仍然安貧樂道，沉浸在海南雖然蠻荒卻淳樸的風土人情和自然風光之中。當地有一位賣環餅的老婦人，她的手藝好，環餅品質高。卻因店鋪偏僻，生意一直不好。老婦人得知蘇東坡是著名詩人，就請他為店鋪作詩，宣傳自己的餅店。蘇東坡憐憫她生活貧苦，環餅手藝又非常厲害，就揮筆寫下一首詠餅的七絕：「纖手搓來玉色勻，碧油煎出嫩黃深。夜來春睡知輕重，壓匾佳人纏臂金。」寥寥二十八字，勾畫出環餅勻細、色鮮、酥脆的特點和形似美人環釧的形象。老嫗將此詩高懸門上，借由東坡詩名，果然顧客迎門，生意興隆。

蘇軾的隨筆議論之中，常有調侃人生之語，其中有一段說「吃」的，非常有意思：

有二措大相與言志，一云：「我平生不足，唯飯與睡耳，他日得志，當飽吃飯，飯了便睡，睡了又吃。」一云：「我則異於是，當吃了又吃，何暇復睡耶？」吾來廬山，聞馬道士善睡，於睡中得妙。然以吾觀之，終不如彼措大得吃飯三昧也。

「措大」是對貧寒讀書人的稱呼，這段故事是說，有兩位窮酸文人在一起討論自己的志向。其中一個說：「我這一輩子最得不到滿足的，只有吃飯和睡覺。等什麼時候我得志發達了，每天吃飽飯就睡覺，睡醒了就吃。」另一個說：「我就跟你不一樣了，我肯定吃了又吃，哪有閒工夫睡覺呢？」蘇軾來到廬山，聽說當地的馬道士很能睡，能在睡眠中悟道，依他看來，卻不如那兩個讀書人領悟吃飯的精華所在。這段議論雖說諷刺意味很濃，卻能看出一般人對「吃」的執著和追求。《射鵰英雄傳》中的北丐洪七公每每遇到好吃的東西，食指就會不受控制地抖動起來，後來竟因此誤了正事，為了痛改前非，他把自己的食指剁了，卻仍然改不了對美食的追求，這也是當代小說家對世人好吃的調侃。

說道食指大動，不得不提這個典故的最初來源。《左傳》宣公四年中首次記載了這個故事：

楚人獻黿於鄭靈公。公子宋與子家將見。子公之食指動，以示子家，曰：「他日我如此，必嘗異味。」及入，宰夫將解黿，相視而笑。公問之，子家以告。及食大夫黿，召子公而弗與也。子公怒，染指於鼎，嘗之而出。公怒欲殺之，公子宋與公子家謀先，遂殺靈公。

春秋時期，鄭國的大臣子家和子公去拜見鄭靈公。在宮殿外面子公突然食指大動。子公對子家說：「今天有美食可以吃。」子家問其緣故。子公說：「每次我食指顫抖的時候，就肯定能嘗到異常的美味。」兩人到了鄭靈公那兒，果然，靈公正在喝楚國人贈送的甲魚做成的湯。子家和子公相視而笑，靈公問二人笑什麼，他們就把剛才子公食指大動的情況告訴了鄭靈公。靈公一聽很不高興，給大家分甲魚湯的時候，唯獨不給子公。子公因此非常惱火，直接將手指伸到盛湯的鼎中，嘗了嘗味道便揚長而去。鄭靈公對這種挑釁的行為更加憤怒，想要殺他。子公也明白這次「染指」是要付出代價的，便先下手為強，聯合子家把靈公給殺了。這可能是最早記載的以美食為導火線而造成的政局變動，可見早在春秋時期，人們就極其重視口腹之欲了。

持蟹賞菊的雅趣

螃蟹為被人無限推崇的美食。相傳幾千年前，江湖河泊裡有一種雙螯八足、形狀兇殘、帶厚厚甲殼的蟲子，不僅偷吃稻穀，還會用螯傷人，故人們都叫它「夾人蟲」。後來，大禹到江南治水，派壯士巴解督工。「夾人蟲」的大量存在嚴重妨礙工程進度。於是巴解想出一法，在城邊挖條圍溝，往溝裡灌進沸水。夾人蟲過來之後，就此紛紛跌入溝裡燙死了。燙死的夾人蟲渾身通紅，發出一股誘人的鮮美香味。巴解好奇地把甲殼掰開來，一聞香味更濃，便大著膽子咬一口，誰知味道鮮香，還有自然的鹹味，比什麼東西都好吃，於是曾經為人所恐懼的害蟲一下成了家喻戶曉的美食。後人為了感激敢為天下先的巴解，便用解字下面加個蟲字，稱夾人蟲為「蟹」，意思是巴解征服夾人蟲，是天下第一食蟹人。魯迅先生曾稱讚道：「第一次吃螃蟹的人是很可佩服的，不是勇士誰敢去吃它呢？」正是第一個吃螃蟹的勇士，才讓人認識到這種難得的食材。

晉朝人畢卓曾任吏部郎，常常因為飲酒而誤了工作。一天，畢卓酒醉後回到家，晚上路過鄰居的房前，聞到屋中撲鼻而來的濃濃酒香，便翻牆進去，到酒甕邊偷酒喝。正在暢飲之時，被主人發現了。主人認出是畢吏部，立即邀請他一起在酒甕旁盡情豪飲，一醉方休。畢卓飲酒之時，最喜歡吃蟹螯佐酒。螃蟹的兩螯肥大豐滿，風味獨特，是佐酒的妙品。畢卓深知這一點，曾說：「右手持酒杯，左手持蟹螯，拍浮酒船中，便足一生矣。」宋代梅堯臣也在詩中說：「可以持蟹螯，逍遙此居室。」

明末清初時的文人張岱回憶自己年少之時風流放達的生活，寫成了《陶庵夢憶》一書，在其中的〈蟹會〉一節中，他回憶了以前與同伴吃蟹飲酒的往事。蟹是難得的不需求加任何調料加以調味就能夠五味俱全的食物，也經常成為宴席的主角。食蟹、飲酒、賞菊，都是秋天的賞心樂事。

> 食品不加鹽醋而五味全者，為蚶、為河蟹。河蟹至十月與稻粱俱肥，殼如盤大，墳起，而紫螯巨如拳，小腳肉出，油油如螾愆。掀其殼，膏膩堆積，如玉脂珀屑，團結不散，甘腴雖八珍不及。一到十月，余與友人兄弟輩立蟹會，期於午後至，煮蟹食之，人

六只，恐冷腥，迭番煮之。從以肥臘鴨、牛乳酪。醉蚶如琥珀，以鴨汁煮白菜如玉版。果瓜以謝橘、以風栗、以風菱。飲以玉壺冰，蔬以兵坑筍，飯以新餘杭白，漱以蘭雪茶。由今思之，真如天廚仙供，酒醉飯飽，慚愧慚愧。

風雅的茶文化

說到吃，不得不提到喝，除了上文說過的飲酒之外，最出名的飲料莫過於茶了。何時開始飲茶，最早誰發明了茶葉，這些問題已經無法考證了。陸羽的《茶經》記載了唐朝之前文人飲茶的盛況：「茶之為飲，發乎神農氏，聞於魯周公，齊有晏嬰，漢有揚雄、司馬相如，吳有韋曜，晉有劉琨、張載、遠祖納、謝安、左思之徒，皆飲焉。」從漢朝直到今天，茶不僅是文人最為喜愛的飲料，也走進了千家萬戶，並且在日本、歐洲也廣為流傳。茶的種類按照製作方法分為綠茶、紅茶、烏龍茶、花茶、沱茶、磚茶等，其中又分為不同品種。茶可俗可雅，即能透過嚴苛細緻的製作方法登上大雅之堂，又能跟隨樸素粗獷的傳播方式進入窮苦之家。在中國，不管什麼樣的家庭，總要備點茶葉待客。作為開門七件事「柴米油鹽醬醋茶」中的最後一事，卻並非生存必需品的茶葉，是重視閒情生活的象徵，扮演著不可替代的角色。

一撮乾燥過的植物葉子，一壺開水，就能沖出碧綠清澈、濃淡適宜，清香撲鼻、爽口潤喉、回味悠長的茶湯。這些產地不同，製作方式不同的茶葉，成為不可或缺的生活用品。待客茶說明飲茶並不單單為了解渴充饑，而是一種充滿閒情的生活習慣。品茶時放鬆心情，感受生活的美好，才是茶葉之所以為文人大眾喜愛的根本原因之一。每一種茶葉都有自己的傳說，這些傳說最終成為中華文化的一部分。

對於享用茶的人來說，重要的是如何沖泡茶葉，從而製作出令人心曠神怡的茶水。泡茶有三個關鍵，一是水，一是器皿，一是茶葉本身。文人或富貴之家對泡茶用的水是非常講究的，陸羽曾在《茶經》中明確指出：「其水，用山水上，江水中，井水下。」一般說來，天然水中，泉水是比較清淨的，雜質少，透明度高，汙染少，水質最好。但是，由於水源和流經途徑不同，其溶解物、含鹽量與硬度等均有很大差異，所以並不是所有泉水都是優質的。那些經過層層石頭析出地表的泉水，清澈甘甜，乃是泡茶的絕佳之選。除了用水自然，收集雨水、雪水泡茶也是極其風雅之事。

沖泡茶葉，除了好茶、好水，還要有好的器皿。沖泡花茶，一般常用較大的瓷壺，然後倒入瓷杯飲用。炒青或烘青綠茶，多用有蓋瓷杯。烏龍茶適合用紫砂茶具。西湖龍井、君山銀針、洞庭碧螺春則選用無色透明玻璃杯最為理想。品茗綠茶類，不論用何種茶杯，均宜小不宜大。用大杯水量多，熱量大，容易使茶葉燙熟，影響茶湯的色香味。上班族常用保溫杯泡茶，這種杯只適合泡烏龍茶或紅茶，不宜泡綠茶。對於古人泡茶，在《紅樓夢》中，有一段非常豐富有趣的描寫：

當下賈母等吃過了茶，又帶了劉老老至櫳翠庵來。賈母道：「我們才都吃了酒肉，你這裡頭有菩薩，沖了罪過。我們這裡坐坐，把你的好茶拿來，我們吃一杯就去了。」寶玉留神看他是怎麼行事，只見妙玉親自捧了一個海棠花式雕漆填金「雲龍獻壽」的小茶盤，裡面放一個成窯五彩小蓋鐘，捧與賈母。賈母道：「我不吃六安茶。」妙玉笑說：「知道。這是『老君眉』。」賈母接了，又問：「是什麼水？」妙玉道：「是舊年蠲的雨水。」賈母便吃了半盞，笑著遞與劉老老，說：「你嘗嘗這個茶。」劉老老便一口吃盡，笑道：「好是好，就是淡些，再熬濃些更好了。」賈母眾人都笑起來。然後眾人都是一色的官窯脫胎填白蓋碗。

那妙玉便把寶釵黛玉的衣襟一拉，二人隨他出去。寶玉悄悄的隨後跟了來。只見妙玉讓他二人在耳房內，寶釵便坐在榻上，黛玉便坐在妙玉的蒲團上。妙玉自向風爐上煮滾了水，另泡了一壺茶。寶玉便輕輕走進來，笑道：「你們吃體己茶呢！」二人都笑道：「你又趕了來撤茶吃！這裡並沒你吃的。」妙玉剛要去取杯，只見道婆收了上麵茶盞來，妙玉忙命：「將那成窯的茶杯別收了，擱在外頭去罷。」寶玉會意，知為劉姥姥吃了，他嫌腌臢，不要了。又見妙玉另拿出兩個杯來，一個旁邊有一耳，杯上鐫著三個隸字，後一行小真字，是「王愷珍玩」，又有「宋元豐五年四月眉山蘇軾見於祕府」一行小字。妙玉斟了一杯遞與寶釵。那一隻形似鉢而小，也有三個垂珠篆字，鐫著「點犀盉」。妙玉斟了一杯與黛玉，仍將前番自己常日喫茶的那只綠玉鬥來斟與寶玉。寶玉笑道：「常言『世法平等』：他兩個就用那樣古玩奇珍，我就是個俗器了？」妙玉道：「這是俗器？不是我說狂話，只怕你家裡未必找的出這麼一個俗器來呢！」寶玉笑道：「俗語說：『隨鄉入鄉』，到了你這裡，自然把這金珠玉寶一概貶為俗器了。」妙玉聽如此說，十分歡喜，遂又尋出一隻九曲十環一百二十節蟠虬整雕竹根的一個大盞出來，笑道：「就剩了這一個，你可吃的了這一海？」寶玉喜的忙道：「吃的了。」妙玉笑道：「你雖吃的了，也沒這些茶你糟蹋。豈不聞一杯為品，二杯即是解渴的蠢物，三杯便是飲驢了。你吃這一海，更成什麼？」說的寶釵、黛玉、寶玉都笑了。妙玉執壺，只向海內斟了約有一杯。寶玉細細吃了，果覺輕浮無比，賞贊不絕。妙玉正色道：「你這遭喫茶，是托他兩個的福，獨你來了，我是不能給你吃的。」寶玉笑道：「我深知道，我也不領你的情，只謝他二人便了。」妙玉聽了，方說：「這話明白。」

黛玉因問：「這也是舊年的雨水？」妙玉冷笑道：「你這麼個人，竟是大俗人，連水也嘗不出來！這是五年前我在玄墓蟠香寺住著，收的梅花上的雪，統共得了那一鬼臉青的花甕一甕，總捨不得吃，埋在地下，今年夏天才開了。我只吃過一回，這是第二回了。你怎麼嘗不出來？隔年蠲的雨水，那有這樣清淳？如何吃得！」

賈府中一個小小的尼姑庵，飲茶的器具便是官窯古董，世上精巧難覓。用水更是存積的雨水、雪水，古代空氣汙染少，降水自然是潔淨清純的，而這樣奇巧精緻的方式沖泡出的茶水，也只有擁有閒情高趣的妙玉才能制得出來，寶黛才能有資格品嚐，村婦劉姥姥就無法品出其中妙趣了。

第三節　閒情狎魚鳥——花鳥蟲魚

欣賞花木之美

既然閒情是一種由於審美的吸引而產生的情感，那麼美好的事物，如花鳥蟲魚自然就成為人們賞玩的對象。不僅許多文人為花鳥蟲魚作文、作詩、作畫，甚至種種傳說中，花鳥蟲魚乃至走獸們，都有自己的精魂，能夠修煉成人，同時不失動植物的特徵和美感。它們是文人傾注情感的對象，是百姓大眾傳說故事的主角，是現實中或美麗或可愛或忠誠的動物和植物，也是人們想像中能夠擁有美麗和智慧的奇特生物。

大千世界，物種繁多，人只是其中之一而已。幾千年來，人類與其他物種相伴走過，日積月累，也就有了感情。花鳥蟲魚都成了人類生活中不可或缺的東西，尤其成了文人的最愛。古代文人趣味高雅、情感豐富，他們因四季的更替而悲喜，隨外在風雨的變化而感傷，賦自身情感予世間萬物。他們還人多喜歡由一種東西聯想到更深層的東西，並借物以詠志，比如花草。文人不僅種花養花，朝夕以花草為伴，與花草對話，而且把它視為自己精神的寄託與品格的象徵。

歷史上，文人幾乎沒有不愛花的。陶淵明是典型的「菊痴」，人們想到菊，就不得不提陶淵明，想到陶淵明，就不得不想到那句「採菊東籬下，悠然見南山」，「人菊合一」的境界可謂千古絕唱。春夏時節，百花怒放，爭香鬥豔；至秋風乍起，落英繽紛，而花中隱士菊卻悄然綻放，可謂「秋菊有佳色，裛露掇其英」。在南山下，陶淵明開墾荒地，建造茅屋，大量種植菊花，生活雖困頓，但心遠自怡然。菊花不僅僅可以觀賞，還可以食用，早在屈原的〈離騷〉中就有「夕餐秋菊之落英」；而漢魏時，人們更是廣泛地吃菊花酒，喝菊花茶，相信吃菊可以長壽。但以菊花來比擬人的品格，卻是源自陶淵明。陶淵明本是一個有骨氣的詩人，他很喜歡菊花，而菊花又是一種在秋天才開的花，也很有骨氣，因此人們開始拿菊花比作有骨氣的文人，菊花所具有的可食性和藥性反而不被人注意了。

林逋愛梅也是一絕。林逋出生於儒學世家，早年曾遊歷於江淮等地，後隱居於杭州西湖孤山之下。他躬耕農桑，並以植梅養鶴為樂，傳說他終生未娶，故有「梅妻鶴子」的佳話。林逋愛梅之極，親自植梅養梅，寫出了不少詠梅佳句。其中〈山園小梅〉是他寫梅的代表之作：

眾芳搖落獨暄妍，占盡風情向小園；疏影橫斜水清淺，暗香浮動月黃昏。霜禽欲下先偷眼，粉蝶如知合斷魂；幸有微吟可相狎，不須檀板共金尊。

這首詩不僅把幽園中獨自盛開的梅花的清影和神韻寫到透澈，而且還把梅品、人品融會到一起，其中「疏影」、「暗香」兩句，更成為詠梅的千古絕唱，引發了許多文人的共鳴。

梅花在冰天雪地裡傲然吐蕊，是百花之中的勇者。中國人對花的愛較於隨意，唯獨對梅不同，不但看，還要賞，還要探，還要尋。因為梅不僅有著錚錚鐵骨，不懼嚴寒，而且迎冰雪而獨香，自得其樂，不媚俗、不招搖。梅以其特有的幽香吸引著眾多的文人墨客，留下了千古名句。更有文人以梅花入畫，作品如夢如幻，美不勝收。而千古奇文《紅樓夢》中最美的一個場景就是對「寶琴抱梅」的描寫了：

> 四面粉妝銀砌，忽見寶琴披著鳧靨裘站在山坡上遙等，身後一個丫鬟抱著一瓶紅梅。眾人都笑道：「少了兩個人，他卻在這裡等著，也弄梅花去了。」賈母喜的忙笑道：「你們瞧，這山坡上配上他的這個人品，又是這件衣裳，後頭又是這梅花，像個什麼？」眾人都笑道：「就像老太太屋裡掛的仇十洲畫的〈雙豔圖〉。」賈母搖頭笑道：「那畫的那裡有這件衣裳？人也不能這樣好！」一語未了，只見寶琴背後轉出一個披大紅猩氈的人來。賈母道：「那又是那個女孩兒？」眾人笑道：「我們都在這裡，那是寶玉。」賈母笑道：「我的眼越發花了。」說話之間，來至跟前，可不是寶玉和寶琴。

寶琴身著野鴨子毛做成的鳧靨裘，華美動人，丫鬟抱著一瓶紅梅，在雪地上遙遙相望，比圖畫更美麗動人。曹雪芹的高明之處在於，他並沒有寫寶琴的容貌如何秀麗，衣服如何華麗，梅花如何動人，而是單單以〈雙豔圖〉做比，給讀者留下無窮的想像空間。在這部「萬豔同悲」的書中，人們記住的除了悲，還有那驚鴻一瞥的美麗。花開花落幾春風，花之所以如此動人，除了它自身的美麗，應該還因為它只有一季的短暫生命吧。

早在《詩經》之中，就有對蓮花的記載。中國畫以荷花作為夏天的標誌，瓷器、地毯和戲服上也常繪有荷花。自古以來便喜愛蓮，荷花盛開是豐收的預兆，也是夏天有代表性的美麗景色，它還被視為潔身自好、不同流合汙的高尚品德的象徵，因此有「蓮生淤泥中，不與泥同調」。在文學裡與蓮有關的詩詞歌賦，不計其數。但最為人所稱道的，還是宋代理學的創始人周敦頤的〈愛蓮說〉。因為愛蓮，他曾親自率領屬下在舊南康府署一側挖地種蓮，名曰「愛蓮池」。在〈愛蓮說〉中，周敦頤不僅把花和各種類型的人物連繫起來，更完美地概括了蓮花高潔的品行。

水陸草木之花，可愛者甚番。晉陶淵明獨愛菊；自李唐來，世人盛愛牡丹；予獨愛蓮之出淤泥而不染，濯清漣而不妖，中通外直，不蔓不枝，香遠益清，亭亭淨植，可遠觀而不可褻玩焉。予謂菊，花之隱逸者也；牡丹，花之富貴者也；蓮，花之君子者也。噫！菊之愛，陶後鮮有聞；蓮之愛，同予者何人；牡丹之愛，宜乎眾矣。

文人詠花的詩句可謂所不勝數。李白的「雲想衣裳花想容」，崔護的「人面桃花相映紅」，韓泓的「春城無處不飛花」，岑參的「千樹萬樹梨花開」，韓愈的「芭蕉葉大梔子肥」，李賀的「可憐日暮嫣香落，嫁於春風不用媒」，白居易的「春風桃李花開日，秋雨梧桐落葉時」，李商隱的「青樓有美人，顏色如玫瑰」，陸游的「無意苦爭春，一任群芳妒」，孟浩然的「夜來風雨聲，花落知多少」、「待到重陽日，還來舊菊花」，杜甫的「感時花濺淚，恨別鳥驚心」、「曉看紅溼處，花重錦官城」，蘇軾的「春深桃杏亂」、「尋花花未開」、「陌上花開蝴蝶飛」，李清照的「露濃花瘦」、「人比黃花瘦」、「應是綠肥紅瘦」，辛棄疾的「惜春長怕花開早，何況落紅無數」……每一句詩都傾注了文人對花的喜愛和讚美。可見花在文人心中的儀態萬千、情韻悠長。

禽鳥與文人哲學

文人喜歡親近自然，自然也愛上了鳥類，尤其是那些可觀可聽的禽鳥，所以他們的筆下，留下了大量的詠鳥詩，真可謂五彩繽紛，絢爛多姿。鳥兒與花兒一樣，是自然界生機活力的載體。石延年寫過「樂意相關禽對語，生香不斷樹交花」的詩句，最能體現這種境界。它象徵著生命的交流，造物的無私。設想若是沒有了嚶嚶鳥鳴，天空必然缺乏之韻致而顯得一片蒼白。鳥是大自然的寵兒，湖畔水湄有了白鶴和鷺鷥，便令人感到野趣中有無限生趣；閨樓中蓄有一羽黃鶯，在靜境中添幾分雅韻；而長廊畫閣、小軒閒齋，百靈、畫眉、鸚鵡百舌得一便逸興洋洋，閒情欣欣。

《詩經》的開篇：「關關雎鳩，在河之洲，窈窕淑女，君子好逑」，就是用「關關雎鳩」開始，以水鳥起興，表達詩人對河邊採摘荇菜的美麗姑娘的純真愛情。唐宋以來，許多著名詩人都有以鳥入詩的力作，孟浩然的「春眠不覺曉，處處聞啼鳥」，寫鳥鳴點出了春日清晨的意境。王維〈鳥鳴澗〉中的「月出驚山鳥，時鳴春澗中」，寫被月色驚動的山間飛鳥所發出的鳴聲，打破了山間的靜寂。杜牧的「千里鶯啼綠映紅，水村山郭酒旗風」；歐陽脩的「百轉千聲隨意移，山花紅紫樹高低」，意境清新、活潑，流露出詩人對美好自然的熱愛之情。

晚唐文人金昌緒，本來名不見經傳，但他的一首〈春怨〉：「打起黃鶯兒，莫教枝上啼，啼時驚妾夢，不得到遼西」，萬口傳誦，使他聲名遠播。這首詩的亮點是寫了一隻攪擾閨中少婦就寢的黃鶯，沒有牠，全詩就毫無聲色。明末清初文人張潮說：「鳥語之佳者，當以畫眉為第一。」畫眉是鳥類中的「歌星」，其鳴悅耳動聽，而且唱歌的態度極其認真。據觀察，畫眉在歌唱時低著頭，一遍又一遍地唱出柔和的曲調，先來一段快板，唱完後覺得不很滿意，便從頭再來一遍，直到自己滿意為止。畫眉的鳴聲音調多變而富有節奏，最常聽到的叫聲是「哥——來噢——」古人擬其音為「如意——如意」，因而有人稱畫眉為如意鳥。賈祖璋先生在《鳥與文學》一書中單獨列出一節，寫「文學上的畫眉」。據記載，中國古代有不少文人都以養畫眉為賞心樂事。到了今天，喜歡養畫眉的人還是很多，每天逗鳥、遛鳥，給他們的生活增添了很多閒情。

晉朝著名詩人陶淵明，不僅愛菊，而且愛鳥。這位不為五斗米折腰而歸隱南山的田園詩人，以自己需求住房之急切，深深體會到鳥兒也應有個安居之地。於是，陶淵明親自動手，在房前屋後種樹，讓鳥兒成為自己的「芳鄰」。陶淵明還寫了一首五言詩：「孟夏草木長，繞屋樹扶疏。群鳥欣有托，吾亦愛吾廬。」這說明只要人們與鳥為友，就能擁有「花影不離身左右，鳥聲常在耳東西」的幽美環境。

北宋翰林學士蘇東坡，平生熱愛花木，珍惜禽鳥。一年，蘇氏父子三人南行出川回京，舟行川江，涪州舊友送給蘇東坡一隻山湖名鳥。那珍禽紅頷藍脯，目光熠熠，異常秀麗，東坡愛不釋手。欲留，恐它離群悲鳴；欲放，又怕它落入惡鳥之口。於是東坡感嘆而賦：「終日鎖筠籠，回頭惜翠茸。誰知聲嘩嘩，亦自意重重。夜宿煙生浦，朝鳴日上峰。故巢安足戀，鷹隼豈能容。」字裡行間，愛鳥之心躍然紙上。最後，他還是把那可愛的小鳥放歸林中了。蘇東坡愛鳥出自其母自小的教誨，蘇母程氏生性賢淑，秉性慈祥善良，她常對兒女們說：「花在樹則生，離枝則死；鳥在林則樂，離群則悲。」正是由於不忘母親的諄諄教誨，蘇東坡才深知「欲觀好花莫折枝，欲玩珍禽勿籠囚」的道理，成了一位愛鳥之士。

宋徽宗在汴京東北角的萬壽山開湖圍山造園。萬壽山遍植奇花異草，景色美極了。唯一可惜的是，在園中居留的珍禽好鳥並不多，山林雖然幽靜，但是一聲鳥鳴都聽不到，因此景緻雖好，卻了無生趣。宋徽宗對這種情況十分不滿，當時京城裡正好有一位姓薛的老人，擅長馴鳥，遠近聞名，聽說皇帝找人招鳥，他就毛遂自薦來到了萬壽山。薛老人將鳥兒最愛吃的食物撒在地上，然後對著天空學起各種鳥鳴，聲音清亮百變，模仿得唯妙唯肖。一隻鳥兒聽到叫聲，以為是同伴在召喚，就拍拍翅膀飛來了……漸漸地，一群又一群鳥兒被老人請來「會宴」。宋徽宗並不讓手下的人捕捉，而是離得遠遠地看著。鳥兒們嘰嘰喳喳一邊吃一邊高興地唱著歌。飽餐一頓後，它們自由來去，一連好多天都是這樣。慢慢地人們驚喜地發現，已經無須他人召喚鳥兒了，因為鳥兒們都知道了萬壽山這個有山有水、有林有草的好地方，自己就會招朋引伴，把四方的鳥兒招引到園裡來安家了。

西元一二二三年四月，元英宗下了一道聖旨，聖旨的內容很奇特，既不是赦免罪犯，也不是徵兵，而是下令各家各戶「釋放籠中之鳥」。聖旨一出，老百姓都很驚訝，一時間，街頭巷尾議論紛紛。後來，人們才知道，原來皇帝是為了保護鳥類，加速鳥兒的繁殖，才決定放出捕獲的鳥兒。此時正值春夏之交，是鳥兒最佳的繁殖期。元英宗為了鼓勵老百姓放鳥，還下令：每隻鳥價值多少，由政府補償給養鳥的主人。於是放鳥這一天，十萬隻各色各樣的鳥被放出籠子，牠們拍打著翅膀飛上藍天，飛回自然，百鳥齊鳴，蔚為壯觀。這也許是世界上最早、規模最大的一次放生活動了。

清朝著名書畫家鄭板橋，曾在山東濰縣當過縣令。一年春天，鄭板橋聽說其弟在家用竹籠養畫眉，很是不安。於是給他寫了一封信說，你只圖自己之歡悅，將可憐的小畫眉囚在牢籠中，太不合情理！自古文人雅士無不愛惜珍禽異鳥，他們懂得養鳥之道——多種樹，使繞屋數百株，扶疏茂密，成為鳥國鳥家。黎明時，聽一片啁啾，披衣而起，引來百鳥，倏來倏往，目不暇接，這豈能是你那一籠一羽之「樂」所能比的呢？鄭板橋還在信末抄錄了歐陽脩的一首題為〈畫眉〉的詩。詩云：「百囀千聲隨意移，山花紅紫樹高低。始知鎖向金籠聽，不及林間自在啼。」人們愛鳥，更喜歡看到自由自在飛翔的鳥兒，這才是中國人的心胸和處世哲學。

閒情逗蟲魚

古人對於玩樂與消遣有著非常的熱情。也正是因為對閒情的熱衷，人們對有關玩樂的發明層出不窮。而蟲對中國的古人來說，就是作為遊戲和寵物而存在的。蟲蟻在古文中包括飛禽走獸、昆蟲等。古人由於平日娛樂生活相對匱乏，所以在逗弄蟲蟻之時的花樣比今人更多。

宋代流傳的《東南紀聞》記載，宋代的著名宮殿「艮岳」剛剛建成之時，官員們未被宏偉的土木建築難倒，卻因為不能調教好四方貢獻的飛禽而發愁。當時有一個專門弄蟲蟻的市民薛翁，主動請求教練這些鳥兒。薛翁學著飛禽的鳴叫，召喚著飛禽，待飛禽來，用肉炙粱米，讓它們吃飽了隨意翱翔。教了一月有餘，「艮岳」中的飛禽，不用薛翁呼喚便飛來了，而且立在鞭扇之間也不害怕。一天，徽宗駕臨「艮岳」，他的儀仗一出，周圍的飛禽「聞清道聲望而群翔」，多達數萬隻，薛翁奏道「萬歲山瑞禽迎駕」。這種形式別開生面，使徽宗大喜不止，遂對薛翁賞賜加爵。

由於玩蟲蟻的行為，可以為宏大、莊嚴的場面烘托氣氛，甚至超過了個人閒情的範疇，很受歷代政府重視。例如清代宮廷中為歡迎西方人而舉行的宴會上，就有經過訓練的老鼠表演——用細鏈條拴在一起的兩隻老鼠，依照主人的命令把鏈子纏結起來，然後解開。元代陶宗儀的《南村輟耕錄》中記載了一隻大青蛙教八隻小青蛙學唸書一事。清代袁枚在《子不語》中也記述了一個乞丐所調教的這種「蛤蟆戲」：

場上設一小木椅，大蛤蟆從乞丐身上所佩的布袋中躍出，坐在小木椅上，接著八隻小蛤蟆從口袋中躍出落地，環對著大蛤蟆，寂然無聲。乞丐喝道：「教書！」大蛤蟆便閣閣叫，八隻小蛤蟆都跟著大蛤蟆閣閣叫，大蛤蟆叫幾聲，小蛤蟆就叫幾聲，如同先生教學生。乞丐突然說：「止！」這「蛤蟆教書」當即絕聲。

清代的筆記小說《聞見偶錄》中，也有這樣一則〈蛙教書〉。可見，清代中後期，此類「弄蟲蟻」之事是很多的。至清光緒庚子年，在北京天橋還可以看到一位六十多歲的老者用一大八小九隻青蛙做的這種「老師給學生上課」的表演。更為奇絕的是，蒲松齡在《聊齋志異》中曾記述過：

> 北京市上有人攜一十二孔的木盒，每孔伏蛙，弄者用細杖敲蛙首，蛙則作鳴。或與金錢，則亂擊蛙頂，如拊雲鑼，宮商調曲，了了可辨。

這樣的表演多了之後，便加入了競賽的意味，並漸次發展到賭博的境地，而其中的代表動物就是雞、鵪鶉、蟋蟀。清蒲松齡的《聊齋志異》中描寫了貧困的王成，見人鬥鵪鶉，一賭數千，便馴養了一隻鵪鶉，走上街頭賭酒食，每次都贏，半年便累積了二十金。王成在大秦王府邸戰勝了「玉鶉」，大秦王要買下他的鵪鶉，王成出價千金，大秦王認為不值，王成卻說：「小人把向市廛，日得數金，易升斗粟，一家十餘食指，無凍餒憂，是何金如之？」最後王成以六百金與大秦王成交，他憑靠賣鵪鶉的金子，治田百畝，起屋作器，居然成為世家大族。

而清代孫佩的《蘇州織造局志》對鬥蟋蟀則形容得有聲有色：

> 吳俗每歲交秋，聚鬥蟋蟀。光棍串同局役，擇曠僻之所，搭廠排臺，糾眾合鬥，名曰「秋興」。無賴之徒及無知子弟，各懷銀錢賭賽，設櫃抽頭。鄰省別屬，罔不輻輳，

每日不下數千人，喧聲震動閭閈。

中國自唐代開始流行鬥蟋蟀，最早源自民間。蟋蟀天性好鬥，在田間地頭就可能鬥起來。百姓在地裡勞作的時候看到兩隻蟋蟀打鬥，覺得非常有趣。於是人們主動去抓品相好的蟋蟀，將牠們放在一起，讓牠們爭鬥取樂。這種民間遊戲逐漸傳到上層社會，受到官員甚至皇族的喜愛。唐代開元年間，四方太平，百姓生活富足，從皇帝到民間百姓，都喜愛享樂遊戲，鬥雞走狗等遊戲非常流行。唐玄宗李隆基本人就喜歡鬥雞，還在宮中建起雞坊，定時舉行鬥雞比賽。皇帝的愛好常常會蔓延到整個社會，因此開元時期鬥雞在民間也非常流行。

北宋末年的宋徽宗、宋欽宗疏於政事，整日沉湎酒色、揮霍無度。他們也喜愛鬥蟋蟀，花重金建起鬥蛐臺，還親自為鬥勝的蟋蟀封號命名，有「金頭大將軍」、「綠袍大王」、「黑衣大聖」、「紫衣大聖」等。受到當權者的喜好影響，當時東京汴梁的鬥蛐市場也非常活躍，就連女子、孩童都加入鬥蛐隊伍。宋徽宗的皇后閨名王敏，是德州刺史王藻的女兒，她從小飽讀詩書，對皇帝不理朝政，整日躲在後宮同嬪妃鬥蟋蟀憂心忡忡，多次勸說。皇帝起初還能聽進去，後來便不耐煩起來，不久便疏遠了皇后。王皇后一腔憂國憂民之心卻不受重視，反而受到冷落，不久便憂鬱身亡，去世時還不到三十歲。傳說王皇后為了繼續勸說丈夫覺悟，變身為一隻烏頭金翅大蟋蟀，經過數次擂臺賽，終於來到皇帝身邊，終日在其耳邊啼鳴：「夫君醒來！夫君醒來！」這個故事與清代蒲松齡所作的《促織》相似，有異曲同工之妙。

西元一一二七年，北宋走到了朝代的盡頭。此時金兵大破東京汴梁，活捉了徽、欽二帝，宮中之物被金兵搶掠一空，一起運往幽州。其中一輛大車上裝滿了鑲嵌珍珠、寶石的精緻盆罐。傳說當隊伍行至位於高津河畔的臨津縣之時，天氣突變，烏雲滾滾，雷聲隆隆，這輛大車車身破裂，其中精美的盆盆罐罐盡數碎裂。隨著一聲聲蟋蟀叫，所有的蟲兒們齊聲振翅高歌，跳進田間地頭無影無蹤了。欽宗見狀，淒然淚下，哀傷地說：「爾等早早逃亡，待到天朝盛世，再讓你們拜帥稱王。」雖然這只是傳說，但如今臨津當地的確盛產善鬥的蟋蟀，在鬥蟋蟀市場上非常有名。

南宋太師賈似道是南宋末年的權臣，也是大奸臣，除此之外他還是一個著名的蟋蟀迷。據《宋史》記載：「襄陽圍已急，似道日坐葛嶺，起樓臺亭榭，取宮人娼尼有美色者為妾，日淫樂其中。嘗與群妾踞地鬥蟋蟀。所狎客入，戲之曰：此軍國大事耶？」當時蒙古人進攻中原，國家形勢十分危急，但賈似道作為重臣，卻置國事於不顧，仍然與姬妾們鬥蟋蟀取樂。這種不負責任的行為使他背負千古罵名，而愛蟋蟀成痴的行為也讓他獲得了「蟋蟀宰相」之號。

拋開賈似道為政的功過不提，單就他對蟋蟀的痴迷來說，確有值得稱讚的部分。他對蟋蟀進行了卓有成效的研究，而不僅是玩笑取樂而已。他寫的《促織經》，是中國第一部研究蟋蟀的專著。《促織經》共兩卷，分論賦、論形、論色、決勝、論養、論鬥、論病等章節，對蟋蟀的各個方面都進行了詳盡的論述，非常全面。後來出現的《蟋蟀譜》、《促織經》，幾乎都以賈似道的《促織經》為藍本，只在內容上稍有增刪，體例和形制都沒什麼改變。

賈似道的《促織經》中的《促織論》是一篇內容豐富的蟋蟀專論。作者首先探討了人們玩鬥蟋蟀的原因，主要在於蟋蟀雖為「微物」，卻有「似解人意」的靈性，尤其是二雄相爭的「英猛之態」，是其他小生物所不具備的，而這正適應了尋勝獵奇的「人之所好」，故君子「取而愛之」。接著他又透過對鬥蟋蟀歷史的考察，進一步說明這項活動之所以受到庶民百姓，乃至公子王孫的喜愛，有其必然性。另外他對蟋蟀的生活習性、品種優劣、調養醫病等問題也有精闢的見解，並認為這些是蟋蟀在決鬥中取勝的關鍵。

從賈似道的《促織經》中可以看出，南宋時鬥蟋蟀的技藝和理論已經達到相當高的水準，脫離了初期的質樸狀態，開始由簡單的「遊戲」向「藝術」過渡，並逐漸形成一種文化形態，融入龐大的中國文化體系中。理論的產生總是建立在長期實踐的基礎之上的。賈似道的《促織經》實際上並非一人一時之作，而是在當時鬥蟋蟀遊戲相當普及的基礎上，總結了各位玩家的心得體會而成的，是人們閒情與心血的結晶，充分表現了當時人們對鬥蟋蟀的認知。比如雖然外行人幾乎很難分辨蟋蟀的種類，除了大小及色澤稍有差異，幾乎看不出有什麼區別。但在《促織經》裡，僅蟋蟀的體色就分為青、黃、紅、紫、黑、白；而其中的紅又分為真紅、水紅，青又分為真青、深青、淡青、紫青、灰青、蝦青、蟹青等。人們還發現了蟋蟀的體色與品質是有密切連繫的，提出了「白不如黑，黑不如赤，赤不如黃」的說法。在飼養蟋蟀的用具上也很有講究，《促織經》裡經常提到「古舊大盆」、「下盆」、「盆窩」，說明當時已用土盆飼養蟋蟀。由金玉牙籠改為土盆，當然不是因為樸素，而是出於對蟋蟀生活習性知識的提高，使用土盆更能模擬蟋蟀原本的生活環境，從而使牠們保持旺盛的生命力。

魚自古以來便和人類的生活密切相關。遠古時期人類過著「以海為田。以漁為利，以舟楫網最為生」的生活，「瀕海之民，射贏漁息。轉貿四方，估人高帆健，出沒風波之間」。這種生存方式為創立魚文化提供了可靠的物質基礎。當時魚文化的具體表現為魚崇拜。在母系氏族社會時期，生存環境惡劣，人們渴望多子多孫、人丁興旺，而魚類的生殖能力非常強，所以人們將魚作為生殖信仰。因此從上古時期開始，文人們便開始關注魚，借魚抒發閒情，人們從捕魚、吃魚、養魚，發展到賞魚、寫魚、說魚、唱魚，逐漸形成了豐富多彩的魚文化。

魚文化也是閒情文化的一部分。中國的魚文化內容豐富，和古代文人有不少交集。魚在古代物質生活中占有重要地位，而魚本身的形態之美使它們成為文人騷客們的審美對象。魚文化以各種形式存在於民俗和藝術的各個方面。古人在捕魚、吃魚和使用魚祭祀等過程中，為「魚」這一形象注入了多彩豐富的民俗文化內涵。《古詩十九首》中有一首詮釋了魚文化的重要性：「客從遠方來，遺我雙鯉魚，呼兒烹鯉魚，中有尺素書。」傳說古人的書信是寫在絹帛之上裝在魚腹中傳遞的，稱為「魚傳尺素」。所以書信又有「魚箋」、「魚符」、「魚契」之稱。人們還把魚視為民間吉祥物，這是因為「魚」與「餘」同音，所以人們將「魚」視為生活美好、衣食有餘的象徵，寄託了富足有餘的美好願望。

現在中國的很多地區仍保留著還將除夕晚上做好的魚留到大年初一吃的習俗，象徵「年年有餘」。

金魚是一種觀賞魚類。牠身姿奇異，色彩絢麗，是一種天然的活藝術品，因而受到人們廣泛的喜愛。金魚源於野生鯽魚，它先由銀灰色的野生鯽魚變為紅黃色的金鯽魚，再經過不同時期的家養和繁殖，由紅黃色金鯽魚逐漸變成各個品種的金魚。作為觀賞魚，遠在晉朝已有紅色鯽魚的紀錄。在唐代的「放生池」裡，開始出現紅黃色鯽魚。宋代開始出現金黃色鯽魚。人們開始用池子養金魚，金魚的顏色出現白花和花斑兩種。明代人們將金魚搬進魚盆，正式成為人們家中的觀賞之景。金魚的形態繁多，游動之時姿態優美，一般體型較小，是專門為觀賞而培養的。但如果將金魚放生到自然水域之中，過一段時間就會變成野生鯽魚的樣子。可見金魚現在的美好形態是人們在閒情的支配下刻意培育出來的。

第四章　閒情文化與文學

第一節　秦淮風月憶閒情——風花雪月之地的閒情

文學中的閒情之地

一直以來，閒情文化對文學的影響不容忽視。在文學家浪漫而唯美的筆觸之下，記錄了無數關於風月閒情的故事。有些地方，在文人的筆墨和傳說的渲染之下，充滿了風花雪月的想像。彷彿只要一提這些地名，人們就能看到當年的墨客佳人在模糊的美景中悠遊欣賞的情景。例如六朝金粉的秦淮河、唐長安的曲江池、宋後的西湖以及杏花煙雨的江南。這些地方在今天依然被閒情圍繞，是無數人嚮往的桃源。無論是身臨其境還是遠遠眺望，都能讓人們體會到在厚重的歷史文化之下積澱的美。文人情懷似水，所以他們喜好的風景名勝總離不開水。秦淮河與西湖都是人文風景和自然風景完美結合的典型。

秦淮，發源於句容赤山湖，是南京城的第一大河。相傳秦始皇南巡，發現龍藏浦之地有隱隱王氣，於是鑿通方山，引淮水貫穿城中，以洩王氣，故稱秦淮河。秦淮分為內河和外河，南京城內的內河是十里秦淮中最繁華的地方，也是在古往今來的文學作品中不斷出現的文化符號。杜牧在著名的〈泊秦淮〉中寫道：「煙籠寒水月籠沙，夜泊秦淮近酒家。」南唐後主李煜在〈浪淘沙〉中追憶往事：「想得玉樓瑤殿影，空照秦淮。」清代劇作家孔尚任在著名的《桃花扇》中寫道：「且到秦淮水榭，一訪佳麗，倒也有趣。」從南朝開始，秦淮河就是名門望族聚居的地方，河畔酒家林立，夜夜笙歌，無數商船畫舫晝夜往來，歌女舞姬寄身其中，在絲竹縹緲之中輕歌曼舞，淺吟低唱，文人才子流連其中，寫下佳人軼事，讓秦淮河畔的故事流傳千古。

所謂「六朝金粉地，金陵帝王州」，自西元二二九年東吳孫權遷都南京以來，歷史上先後有十個朝代在南京建都，故南京有「十朝都會」的美名。雖然都城的榮譽為秦淮河帶來了烈火烹油般的繁華，但是不斷的朝代更替也給居住在秦淮河畔的人們難以想像的艱難和波折。清代文人余懷在《板橋雜記》中追憶了當年的盛況：

金陵為帝王建都之地，公侯戚畹，甲第連雲，宗室王孫，翩翩裘馬，以及烏衣子弟，湖海賓遊，靡不挾彈吹簫，經過趙、李，每開筵宴，則傳呼樂籍，羅綺芬芳，行酒糾觴，留髡送客，酒闌棋罷，墮珥遺簪。真欲界之仙都，昇平之樂國也。

秦淮之景是極美的，當年朱自清與俞平伯盪舟河中，用文人細膩美好的筆觸敘寫了槳聲燈影之中的美景，直到今天也鮮有人能夠更加精緻形象地寫出那樣的美。這裡借用散文名家的文字，再來領略和想像一下秦淮的美。

秦淮河的水是碧陰陰的；看起來厚而不膩，或者是六朝金粉所凝麼？我們初上船的時候，天色還未斷黑，那漾漾的柔波是這樣的恬靜，委婉，使我們一面有水闊天空之想，一面又憧憬著紙醉金迷之境了。等到燈火明時，陰陰的變為沉沉了：黯淡的水光，像夢一般；那偶然閃爍著的光芒，就是夢的眼睛了。我們坐在艙前，因了那隆起的頂棚，彷彿總是昂著首向前走著似的；於是飄飄然如御風而行的我們，看著那些自在的灣泊著的船，船裡走馬燈般的人物，便像是下界一般，迢迢的遠了，又像在霧裡看花，盡朦朦朧朧的。

大中橋外，頓然空闊，和橋內兩岸排著密密的人家的大異了。一眼望去，疏疏的林，淡淡的月，襯著藍蔚的天，頗像荒江野渡光景；那邊呢，郁叢叢的，陰森森的，又似乎藏著無邊的黑暗：令人幾乎不信那是繁華的秦淮河了。但是河中眩暈著的燈光，縱橫著的畫舫，悠揚著的笛韻，夾著那吱吱的胡琴聲，終於使我們認識綠如茵陳酒的秦淮水了。此地天裸露著的多些，故覺夜來的獨遲些；從清清的水影裡，我們感到的只是薄薄的夜——這正是秦淮河的夜。

秦淮的景美，這是自然對它的厚愛，而使它真正成為文化地標的，則是曾經在這裡生活過、經過的人們。早在兩晉時期，這裡就是世家名門王謝家族所居住的烏衣巷：書聖王羲之、王獻之父子居住在此；大破淮水的謝安、謝玄，以及才女謝道韞也曾在此度過人生的大部分時光。這裡曾經是高門大族專屬的家宅，可在唐代卻成為廢墟。唐代詩人劉禹錫路過此地，寫下了著名的〈烏衣巷〉：「朱雀橋邊野草花，烏衣巷口夕陽斜，舊時王謝堂前燕，飛入尋常百姓家。」歷史輪迴的力量是人們無法阻擋的，也讓後人以史為鑒。

秦淮八豔的風流逸事

明末清初的「秦淮八豔」，是秦淮另一道文化風景，那些色藝雙絕卻命途坎坷的女子，留下了多少哀婉淒美的傳說，為閒情漫步在秦淮的文人平添感慨。當時，以色貌才氣而名冠秦淮河的「八豔」幾乎無人不知，無人不曉。當時文人墨客成百上千慕名而來，諸多叱吒風雲的歷史人物，都與她們有著莫大關係。她們的豔麗不僅使凡俗之人傾慕，更令許多英雄才子為之神魂顛倒，從而改變了歷史。

明末的秦淮河畔勾欄瓦肆，歌舞升平，笙歌徹夜。其中青樓林立，裡面的風塵女子將整個秦淮變成了當時最繁華絢麗的歌舞地。當時的青樓收留了許多父母雙亡、孤苦無依的童女，教她們琴棋書畫，詩詞歌舞，待其長成後便成為青樓女子。據《板橋雜記》記載，名列「秦淮八豔」的柳如是、李香君、卞玉京、馬湘蘭、顧眉生、寇白門、陳圓圓、董小宛，皆是由孤女養成，她們無法逃避成為青樓女子的命運，這也讓她們的故事更加無奈而傷感。

「秦淮八豔」不僅樣貌身材優美，而且精通詩詞歌舞，更難能可貴的是，她們關心國家大事，與復社文人來往密切。她們指點江山，激昂文字，巾幗不讓鬚眉。她們中的李香君、卞玉京、董小宛與「金陵四公子」中的侯方域、方以智、冒襄的風流韻事被時人傳為美談。「八豔」中的柳如是、顧眉生、寇白門後來都從良跟隨明末的歷史名臣。明亡後，八豔中許多人都因政治原因而遭追捕，其中的陳圓圓、董小宛也由此出現在當時叱吒風雲的歷史人物的生命中。

當時明末將領吳三桂投在闖王李自成麾下。他控制著長城要塞，對抵禦清兵有著至關重要的作用。陳圓圓被獻給吳三桂後受盡恩寵，後來李自成麾下另一將領搶奪陳圓圓並將她獻給李自成。吳三桂因此大怒，起兵投清，對李自成倒戈相向。農民軍畢竟難敵訓練有素的正規軍，清軍入關，擊敗李自成的農民起義軍，李自成功敗垂成，成為歷史上的悲劇英雄。清統一天下後，吳三桂因其功高而被封為西南藩王。這便是「慟哭六軍俱縞素，衝冠一怒為紅顏」的來歷。清代詩人吳偉業創作的〈圓圓曲〉，就是對陳圓圓一生的記錄。

八豔之一的馬湘蘭，因在家中排行第四，人稱「四娘」。她秉性靈秀，能詩善畫，尤擅畫蘭竹，故有「湘蘭」之名。她相貌雖不出眾，「姿首如常人」，但「神情開滌，濯濯如春柳早鶯，吐辭流盼，巧伺人意」。尤其在繪畫上造詣很高，當年曹雪芹的祖父曹寅，曾三次為〈馬湘蘭畫蘭長卷〉題詩，後收錄於《楝亭集》。《歷代畫史匯傳》評價她的畫技是「蘭仿子固，竹法仲姬，俱能襲其韻」。今天北京故宮也藏有她的書法精品。她的繪畫也一直被視為珍品。在文學上馬湘蘭亦頗具才華，曾撰有《湘蘭子集》詩二卷和《三生傳》劇本。她的多才多藝不僅體現在文學上，她還通音律，擅歌舞，並能自編自導戲劇。她所教的戲班，能演出《西廂記全本》，隨其學技者，備得真傳。

馬湘蘭生長於南京，自幼不幸淪落風塵，但她為人曠達，性望輕俠，常揮金以濟少年。她的居處為秦淮勝處，慕名求訪者甚多，她與江南才子王稚登交誼甚篤，她給王稚登的書信收藏在《歷代名媛書簡》中。王稚登七十大壽時，馬氏集資買船載歌妓數十人，前往蘇州置酒祝壽，「宴飲累月，歌舞達旦」，歸後一病不起，最後強撐沐浴以禮佛端坐而逝。馬湘蘭為王稚登付出了一生的真情，自己卻像一朵不為人知的幽蘭，暗自飲泣，暗自吐芳。

柳如是色藝過人，與明末著名文人錢謙益結為夫妻，對於青樓女子來說，能夠嫁給文士，也算終身有靠。二人年紀差異很大，柳如是曾經對錢謙益戲言：「君之膚如妾之髮，君之髮如妾之膚。」錢謙益雖然文才很盛，卻在朝代更迭之時未能把握自身立場，投靠清廷，一時臭名昭著。錢謙益降清赴京，柳如是留在南京。錢謙益雖做了清朝的禮部侍郎兼翰林學士，由於受柳如是影響，半年後便稱病辭歸。後來又因案件株連，吃了兩次官司。柳如是在病中將他營救出獄，並鼓勵他與尚在抵抗的鄭成功、張煌言、瞿式耜、魏耕等連繫。柳氏全力資助、慰勞抗清義軍，這些都表現出她強烈的愛國氣節。錢謙益降清，本應為後世所詬病，但有賴柳如是的義行，才沖淡了人們對他的反感。

柳如是的才情是秦淮八豔中最突出的一個，著名學者陳寅恪讀過她的詩詞後，亦有瞠目結舌之感，對柳如是的清詞麗句十分敬佩。清人認為她的尺牘「豔過六朝，情深班蔡」。柳氏還精通音律，長袖善舞，書畫也頗負名氣，她的畫嫻熟簡約，清麗有致；書法深得後人讚賞，稱其為「鐵腕懷銀鉤，曾將妙蹤收」。柳如是的〈金明池．詠寒柳〉是她的詞作中比較突出的作品：

有悵寒潮，無情殘照，正是蕭蕭南浦。更吹起，霜條孤影，還記得，舊時飛絮。況晚來，煙浪斜陽，見行客，特地瘦腰如舞。總一種淒涼，十分憔悴，尚有燕臺佳句。

春日釀成秋日雨。念疇昔風流，暗傷如許。縱饒有，繞堤畫舸，冷落盡，水雲猶故。憶從前，一點東風，幾隔著重簾，眉兒愁苦。待約個梅魂，黃昏月淡，與伊深憐低語。

「秦淮八豔」的坎坷人生，為文人才子進行文學創作提供了題材。例如余懷的《板橋雜記》，寫了他與青樓女子的交往；孔尚任的《桃花扇》，記敘了侯方域和李香君哀婉波折的故事；陳寅恪的《柳如是別傳》，將柳如是的人生演繹得淋漓盡致；還有冒辟疆的《影梅庵憶語》，記錄了董小宛的點點滴滴。更有這些女子揮灑才情所作的詩詞歌賦。她們雖然人生波折不斷甚至短暫，卻以自身的才華與精神為世界增添閒情。

風景如畫的西湖

一提起西湖，人們就會想到中外聞名的「西湖十景」，這十景就是：蘇堤春曉、曲院風荷、平湖秋月、斷橋殘雪、柳浪聞鶯、花港觀魚、三潭印月、雷峰夕照、南屏晚鐘和雙峰插雲。關於西湖有著許多美麗的傳說。

有一遠古時期的傳說，天上的玉龍與金鳳在銀河邊的仙島上找到一塊白玉。牠們一起思索多年，白玉變成了一顆璀璨的明珠，其珠光照到哪裡，哪裡就樹木常青，百花盛開。但後來這顆寶珠被王母娘娘發現了，王母娘娘就派天兵天將把寶珠搶走，玉龍和金鳳趕去索珠，王母不肯，於是就發生了爭搶，王母的手一鬆，明珠就降落到人間，變成了波光粼粼的西湖，玉龍和金鳳也隨之下凡，變成了玉龍山和鳳凰山，永遠守護著西湖。

如果說青樓女子為秦淮增添了豔麗色彩，文人則為西湖增添了名士風範。白居易赴任杭州刺史之後，沉醉於西湖的美景。他寫過不少讚美杭州風光的詩詞，至今仍然廣為流傳。其中最讓人動情的，就是他的〈憶江南〉：「江南憶，最憶是杭州。山寺月中尋桂子，郡亭枕上看潮頭，何日更從游？」而「最愛湖東行不足，綠楊蔭裡白沙堤」，則是白居易做杭州刺史時，歌詠西湖留下的詩句。如今，人們習慣把從斷橋至中山公園一段，叫做「白堤」。其實，這「白沙堤」早在白居易到杭州以前就有了，而他疏濬西湖堆砌的那條堤岸，位於保俶路松木場附近，在漫長的歷史長河裡，城市建設的變遷中，逐漸湮滅了。但人們為了紀念這位有功於百姓的地方長官，將「白沙堤」，稱作「白堤」或「白公堤」。約定俗成，如今的「白堤」，一直延伸至西泠橋畔，成了人們信步閒庭的芳徑便道。

當白居易離開杭州後，他無時無刻不懷念西湖美景。一日，當他看到一艘來自杭州的商船，不由得心潮起伏，情思激盪，當即寫下一首聊寄相思的詩，題名〈西湖回舫〉。這首詩明白曉暢，清新自然，立意巧妙：「自別錢塘山水後，不多飲酒懶吟詩。欲將此意憑回棹，報與西湖風月知！」西湖，幾乎成為白居易心中不可替代的女神。

「水光瀲灩晴方好，山色空濛雨亦奇。欲把西湖比西子，淡妝濃抹總相宜。」這是蘇軾對西湖的評價，與白居易對西湖的感受異曲同工。這位北宋文豪與西湖也有著不解之緣。蘇軾任杭州知州時，被幽深秀麗的西湖所傾倒：「予嘗夜起登合江樓，或與客遊西湖，入棲禪寺，叩羅浮道院，登逍遙堂，逮曉乃歸。」他不僅白天遊覽，甚至夜裡也流連忘返，直到破曉。

蘇軾不僅沉醉在西湖美景之中，還集結民眾修建了蘇堤，他們疏濬西湖，取湖泥葑草堆築成堤壩，並沿堤栽植楊柳、碧桃等觀賞樹木和花草，還建造了六座單孔石拱橋，取名曰映波、鎖瀾、望山、壓堤、東浦、跨虹，古樸美觀，所謂「我來錢塘拓湖綠，大堤士女爭昌豐。六橋橫絕天漢上，北山始與南屏通」。這正是對蘇堤剛剛建成之景的記錄。「蘇堤春曉」為西湖十景之首，春天堤上新柳如煙，春風駘蕩，眾鳥和鳴，風景如畫，遊人漫步其中，如同置身仙境。

西湖之美，不僅在於它的風景。西湖不僅像具有絕世容貌的女子，更似具有豐富內涵的文人，西湖的獨特之處，在於它體現了文人內在的精神與獨特的氣質。東坡在晚年被貶官惠州時還將當地的豐湖當作「西湖」：「正似西湖上，湧金門外看。」恍惚間的惆悵包含了幾多無奈。而白居易心中的留戀就表現得更為直白：「未能抛得杭州去，一半勾留是此湖。」這些黏在心頭的記憶，構成了文人們心底最真實的西湖。明人張岱所作的《西湖夢尋》，追憶了往日西湖之勝，在記錄西湖美景方面獨具慧眼，讓讀者彷彿能感受到當年西湖的繁華美麗。而文中對遊湖之人進行的不同分類，獨有見地。

西湖七月半，一無可看，只可看看七月半之人。看七月半之人，以五類看之。其一，樓船簫鼓，峨冠盛筵，燈火優傒，聲光相亂，名爲看月而實不見月者，看之；其一，亦船亦樓，名娃閨秀，攜及童孌，笑啼雜之，還坐露臺，左右盼望，身在月下而實不看月者，看之；其一，亦船亦聲歌，名妓閑僧，淺斟低唱，弱管輕絲，竹肉相發，亦在月下，亦看月而欲人看其看月者，看之；其一，不舟不車，不衫不幘，酒醉飯飽，呼群三五，躋入人叢，昭慶、斷橋，嘄呼嘈雜，裝假醉，唱無腔曲，月亦看，看月者亦看，不看月者亦看，而實無一看者，看之；其一，小船輕幌，淨几暖爐，茶鐺旋煮，素瓷靜遞，好友佳人，邀月同坐，或匿影樹下，或逃囂裏湖，看月而人不見其看月之態，亦不作意看月者，看之。

按張岱的說法來為遊覽西湖的人群分類，一種人來去匆匆，為了遊玩娛樂而來，坐在遊船上，大批優伶僕從相隨，名為看月，而事實上並沒有欣賞月亮。一種人同樣坐在遊船之上，與美女佳人嬉笑玩鬧，置身月光之下卻沒有看月亮。一種人也坐著船，伴著音樂歌聲，與歌妓、僧人同遊，飲酒觀光，輕歌曼舞，既被人看，也在看風景。還有一種人則沒有坐船乘車，也不做什麼裝扮，吃飽喝足之後叫上三五人，成群結隊擠入人群，在西湖斷橋一帶高聲喧譁，唱著荒腔走板的歌曲，他們看月也看人，而實際上什麼也沒看見的人，可以看看他們。還有一類人，乘著小船，船上整潔乾淨，適合飲茶，他們約了好友美女，請月亮和他們同坐，有的藏在樹蔭之下，有的在裡湖逃避喧鬧，他們儘管在看月，而人們看不到他們看月的樣子，他們自己也不刻意看月。他們將山水的記憶悉數託付給頓悟，「萬古長空，一朝風月」，即是如此。除了寫西湖七月半的看月之人與看人之人，張岱還寫了自己遊湖的心情。

春夏則熱鬧之，至秋冬則冷落矣；在花朝則喧哄之，至月夕則星散矣；在晴明則萍聚之，至雨雪則寂寥矣。故余嘗謂：「善讀書，無過董遇三餘，而善遊湖者，亦無過董遇三餘。董遇曰：『冬者，歲之餘也；夜者，日之餘也；雨者，月之餘也。』雪巘古梅，何遜煙堤高柳；夜月空明，何遜朝花綽約；雨色涳濛，何遜晴光瀲灩。深情領略，是在解人。」即湖上四賢，余亦謂：「樂天之曠達，固不若和靖之靜深；鄴侯之荒誕，自不若東坡之靈敏也。」其餘如賈似道之豪奢，孫東瀛之華贍，雖在西湖數十年，用錢數十萬，其於西湖之性情、西湖之風味，實有未曾夢見者在也。世間措大，何得易言遊湖。

所謂「董遇三餘」是指漢獻帝時期的讀書人董遇善於利用三種空閒時間，一種是無須做農事的冬天，一種是不便下田勞動的夜間，還有一種是不便出門的雨天。董遇利用這三種空餘時間來讀書，張岱卻利用這三種空餘時間來遊湖。而遊湖的體驗，張岱更是細心體會當年白居易遊湖的曠達、林逋的靜深、鄴侯李泌的荒誕以及蘇東坡的靈敏。有了這四種遊湖的心情，才能真正理解西湖的風味，一般世上附庸風雅之人，如何能體會西湖的美！

李漁經歷了明清兩朝的交替，在動盪不安之中體味到家境由盛轉衰的淒涼。他大約在三十八歲時，移居杭州，住在風光明媚的西湖之濱。生活稍微安定下來後，西湖特有的美開始激發他的寫作才華與熱情。短短幾年，李漁發憤寫作，以文會友，結識眾多好友，名聲漸響。在接下來的十幾年內，為了生活，為了實踐戲劇理論，李漁幾乎是在漂泊中度過的。而在晚年時，李漁又回到杭州，在西湖邊建造「層園」，當他站在園中小山頂上眺望時，「盡收城郭歸檐下，全貯湖山在目中。」因此自號「笠翁」，經歷一生劫難與漂泊之後，人世的悲歡離合，成了李漁晚年隱居西湖的原因。在西湖，他完成了終生追求藝術化、趣味化的願望，悄悄走完生命旅程。

李叔同曾是近代上海灘有名的翩翩公子，風流儒雅，氣度不凡。他「二十文章驚海內」，少年時留學日本，以敏銳的藝術靈感，創造了很多中國藝術史上的第一。學成歸來，他先後在天津、上海、浙江教書。在浙江第一師範學校教授圖畫、音樂課期間，他以高尚的品格、精湛的藝術、淵博的學識和認真負責的態度，開啟了中國近代藝術教育的一個新局面。李叔同的學生之一，著名畫家豐子愷，曾形象地說「文藝的園地，差不多被他走遍了」。就在事業蒸蒸日上時，他卻結束了教育工作，放下世間一切，飄然至虎跑寺落髮為僧，從此看破紅塵，日夜與西湖山水為伴。李叔同大師的一生充滿了傳奇色彩，他是絢麗至極又歸於平淡的典型人物。正如西湖之水，返璞歸真，歷盡世間百態仍清澈透明。

郁達夫在〈乙亥夏日樓外樓坐雨〉中回憶起西湖時說：「江山也要文人捧，蘇堤而今尚姓蘇。」山水與文人之間有著自然的連繫。真正成就西湖聲名的不是奢華的畫舫，也不是帝王的淫威，而是文人們在這裡播種的豐富情感。他們的高潔氣質讓青山洗淨鉛華，他們的壯志深沉了一盆湖水的底蘊。在這文人的湖邊，白居易與蘇東坡留下了自己的深情與感悟，李流芳在湖上徘徊吟賞，中郎留山僧賞別樣景遍察山容水意，張岱擁毳衣登湖心亭盡嘗世態人情。西湖讓文人更加平靜地體會品味人生閒情與自然閒趣，至今不絕。

第二節　一筆添出稱閒情——寫作之中的閒筆閒趣

消解閒情的創作心態

消遣閒情是文學的重要功能之一，與文學活動本身的閒情要求相關，也是讀者閱讀鑒賞的需求。古代文人在創作中其實非常重視閒情的部分。在詩詞、小品散文以及小說創作中都常常以消解閒情為主題。即使在主題相對嚴肅的小說、散文中，也往往會有閒筆來改變文章的氣氛和節奏。

消遣閒情，是指消磨、打發、度過閒暇的時間。文學的消閒功能，正來源於人們生活中產生的閒情。人們為了維持自身的生存和繁衍，必須從事物質生活所需的生產，以及由此衍生出來的精神生產，總之不是體力勞動，就是腦力勞動，這便有了「忙」。但人的精力不是無限的，持續一段緊張的勞動之後，就會感覺到累，就需要休息。於是，便有了各種名目的節假日、休息日，這就是「閒」。忙閒相間，勞逸結合，便形成了生命活動與日常社會生活的基本節奏。

休息並不等於不做事或睡眠，對古人來說，看戲、遊玩、閱讀或創作文學作品，以及從事其他藝術活動，都是積極的、有意義的休息。總之，消閒的文學和文學的消閒，都是人類消閒需求的產物。文人對閒情的創作心態有三種，一種是閒情推動的創作心態，一種是表現文人自身的閒情閒趣，一種是文學創作時需求的閒筆。

消閒的創作心態，指作家寫作時精神上的閒靜、悠遊、放鬆和自由的狀態。作家在創作中有時也專門表現自己的某些消閒的情緒，如白居易的閒適詩。他這類詩中有不少的題目都明確地標出了「閒」字，如〈閒吟〉、〈湖上閒望〉、〈閒出〉等。有一首〈閒行〉是這樣寫的：「五十年來思慮熟，忙人應未勝閒人。林園傲逸真成貴，衣食單疏不是貧。專掌圖書無過地，遍尋山水自由身。倘年七十猶強健，尚得閒行十五春。」

這首詩大約是詩人五十五歲時寫的，在半生的忙閒對比中，詩人忽然悟出了閒適生活的自得其樂，體驗到擺脫名韁利鎖之後的一身自由和寬鬆。扳起指頭一算：如果到了古稀之年自己還能健在，那就仍有整整十五年可以徜徉於山水之間。之後，他常來往於洛陽和長安之間：「西來為看秦山雪，東去緣尋洛苑春。來去騰騰兩京路，閒行除我更無人。」東去西來，僅僅是為了消遣閒情，為了賞花和觀景，寫得多麼瀟灑，多麼優哉游哉。像當年陶淵明自稱「羲皇上人」一樣，白居易也稱得上「天下第一閒人」了。

在一些文學作品如戲劇、長篇小說之中，出於結構、疏密、濃淡、起伏等多少會有技巧上的考慮，作家往往會插入一些與主線游離開來的描寫，這就是所謂閒筆。著名作家王蒙認為，《紅樓夢》中茗煙鬧書房的一回就屬於閒筆。他是這樣談自己的鑒賞體會的：

茗煙鬧書房也是一件小事，對於主線（不論是愛情主線說還是階線鬥爭主線說）可有可無。但寫得特別生動有趣，活靈活現，疏密得當，場面亂而寫得清楚明白，使讀者有「洞見之樂」。過去每逢讀到寶玉的幾個小廝掃紅、鋤藥、墨雨一齊亂嚷：「小婦養的，動了兵器了」，便覺得聞其聲而觀其鬧，十分地熱鬧開心。這一段讀起來也相當輕鬆，可能是《紅樓夢》中最輕鬆的章回之一。其他章回，生生死死，愛愛仇仇，善善惡惡，昏昏昭昭，即使表面的輕鬆愉快——如寫寶玉給黛玉講耗子精的故事，寫年輕人們一起取笑打鬧吃酒猜謎行令——也掩不住一種不祥感、惶恐感，嘩啦啦大廈將傾的破滅感。故而也可以說這一回是「閒筆」。即使短的小說中也會有一兩處閒筆，閒筆不是廢筆，閒筆可添趣味，可調節奏，可增側面，可擴空間。有閒筆才說明了作家的胸有成竹，駕馭得當。

王蒙是一位悟性極高的當代小說家，他以自己創作小說的經驗，來解讀與體悟《紅樓夢》的閒筆，以及包含在此中的匠心。作為讀者對《紅樓夢》的閱讀體驗，讀到這段文字感到輕鬆、愉快，這都對閒情消遣的心理反應。至於他從疏密、節奏、趣味等方面看到的作家技法運用上的得當與嫻熟，也可一併歸入消閒效應。

閒筆的運用

閒筆在文學中的作用是值得重視的。閒筆是在故事情節發展到關鍵、緊要處時，作者故意騰出幾筆文字去寫情節之外的事情。「閒筆」是主線情節之外的支線因素，但也是小說敘事藝術中不可或缺的組成部分。「閒筆」不僅僅是為了消閒，更不是敗筆。它是在敘述一件事情時有意「波及他事」，透過「筆鋒一轉」，增強敘事作品的藝術性，是一種頗具敘事韻味的、富有敘事智慧的奇妙技法，能夠補充正文，收束故事情節，關注細節。閒筆對於情節結構的安排、敘事節奏的調節、人物形象的塑造、讀者閱讀興趣等方面，能夠造成非常重要的作用。

明末清初著名的文學批評家金聖歎在評點《水滸傳》時提出，「閒筆」是一種明確的敘事方式。在他看來，《水滸傳》之所以獲得成功，原因之一就是能夠嫻熟地運用「閒筆」，從各個細節方面豐富人物形象。他對施耐庵的評價非常高：「作文向閒處設色，唯毛詩和史遷有之，耐庵真正才子，故能竊用其法也。」「寫柴進殷勤，字幅不盡，故特從閒處下筆，作者真才子。」金聖歎的「閒筆」論對之後的張竹坡、脂硯齋等人所作的小說評點有很大的影響，成為一個極具民族特色的敘事學概念。在具體的文學批評中，「閒筆」亦被稱為「閒文」「閒話」「筆致閒處」「閒心細筆」「閒細之筆」「閒處著筆」「閒處設色」等。由此可見，「閒筆」是一個具有豐富理論內涵的概念，這裡以金聖歎點評《水滸傳》為例，對各種方式表現的「閒筆」進行簡略的分析。

閒筆一般指在小說情節進行到百忙之時，突如其來的插曲，表現為「忙中之閒」。

《水滸傳》第二回〈魯提轄拳打鎮關西〉是人們耳熟能詳的一章，這章中可謂處處有閒筆。「魯達打鄭屠忙極矣，卻處處夾敘小二報信。然第一段只是小二一個，第二段小二外，又陪出買肉主顧，第三段又添出過路的人……真是極忙者事，極閒者筆也。」第十一回的「楊志賣刀」，寫到潑皮牛二以一剁銅錢為難他，文中氣氛驟然緊張起來，這時作者卻從楊志、牛二身上掠過，去寫周圍的觀眾：「極忙，忽然插入一句看的人，筆力如蒼鷹矯犬，眼光左閃右掣。」以旁觀者角度觀察主角，插入閒筆。第二十五回寫到武大郎被害之後，武松從東京歸來，心中非常掛念哥哥，武松心急，行文卻不疾不徐，先去縣衙交割公事。完事之後本來應該趕緊去看哥哥，卻「偏又不疾來，偏又去下處脫換衣服，透透迤迤，如無事者……使讀者眼前心上，遂有微雲淡漢之意，不復謂下文有此奔雷駭電也。此回讀之，只謂其用筆極忙，殊不知處處都著閒筆。……不在寫武松心粗手辣，逢人便斬。須要細細看他筆致閒處」。

「閒筆」是相對於「正筆」或「正文」而言的。金聖歎評《水滸傳》時，多次把兩者並提。在第十二回回評中有這樣的論述：「故篇中凡寫梁中書加意楊志處，文雖少，是正筆；寫與周謹、索超比試處，文雖絢爛縱橫，是閒筆。」第十九回夾批：「曲曲折折，層層次次，當知悉是閒文，不得亦比正文例，一概認真讀也。」閒筆雖然看似游離於文章中心情節之外，實際上是對正文的必要補充。對正文難以顧及或無法詳細敘述的事情，進行補充交代，以使敘事更加嚴密，情節的發展更加合情合理。

第二十五回中，潘金蓮為遮人耳目而設武大郎牌位，卻整日和西門慶恣意作樂。這時，作者筆鋒一轉敘及武松：「卻說武松自從領了知縣言語，監送車仗到東京親戚處，投了來書，交割了箱籠，街上閒行了幾日。」金聖歎評道：「絕妙閒筆，補足那邊，便襯起這邊有許多事。」作者用了幾筆文字，來敘述武松在東京的生活，使之後的情節發展自然而不突兀。又如第三十三回，黃信、劉高押解宋江和花榮望青州來，途中被燕順、王英、鄭天壽截住，救了宋江和花榮，活捉劉知寨。接著，小說作了這樣的交代：「原來這三位好漢，為因不知宋江消息，差幾個能幹的小嘍囉下山，直來清風寨上探聽。」得到確切消息後，才「預先截住去路，小路裡亦差人伺候」。金聖歎認為這幾句是「閒筆周匝」。寥寥幾筆便交代三位好漢截人的原因，補充了「正文」敘述的不足，使整個故事情節緊密而邏輯嚴密。

有些閒筆則為後文情節的發展埋下了伏線、做好了鋪墊。第二十六回武松殺嫂後被髮配孟州，途遇賣人肉的張青和孫二娘，交談中張青提及魯達和楊志時說：「打聽他

（魯達）近日占了二龍山珠寶寺，和一個什麼青面獸楊志霸在那方落草。小人幾番收得他相招的書信，只是不能夠去。』金聖歎認為，這裡「閒中閒放一線」，宕開一筆寫魯達、楊志，就是為後文做好伏線。到第三十回武松血濺鴛鴦樓後，他再次碰到張青、孫二娘，張青寫信推薦武松上二龍山，第三十一回武松去了二龍山。正是與前文呼應，使小說情節順理成章。

同為四大名著之一的《西遊記》，其行文雖然不像《水滸傳》、《紅樓夢》中的閒筆，總有「草蛇灰線，浮脈千里」的意味，卻也有一種調侃遊戲的味道，是作者閒情的表現。在第九回《袁守誠妙算無私曲老龍王拙計犯天條》中表現得尤為明顯。

> 卻說長安城外涇河岸邊，有兩個賢人：一個是漁翁，名喚張梢；一個是樵子，名喚李定。他兩個是不登科的進士，能識字的山人。一日，在長安城裡，賣了肩上柴，貨了籃中鯉，同入酒館之中，吃了半酣，各攜一瓶，順涇河岸邊，徐步而回。張梢道：「李兄，我想那爭名的，因名喪體；奪利的，為利亡身；受爵的，抱虎而眠；承恩的，袖蛇而去。算起來，還不如我們水秀山青，逍遙自在，甘淡薄，隨緣而過。」李定道：「張兄說得有理。但只是你那水秀，不如我的山青。」張稍道：「你山青不如我的水秀。」

兩位不得志的酸腐文人，一個成了漁翁，一個做了樵夫，見面時為「誰的山青誰的水秀」爭論起來，本身就相當可笑。二人還煞有其事地開始作詞聯句，以求在言談上超過對方。二人一共做了十四首詩詞，這段辯論對故事情節推動來說，其實並無作用，只是作者的閒筆，但正是對作詩吟賦的誇張和不厭其煩的引入詩詞，從側面諷刺了文人的酸腐。他們陶醉於自己所謂的詩情之中，甚至根本沒有留心對方說了什麼，只是一味地希望在言語上壓倒對方。而他們所謂的詩詞，也並無跳出窠臼之語。這種缺乏想像力的陳詞濫調，正是作者所反對的，而他並沒有將這種反諷明確地說出來，而是透過閒筆側面表達。更加諷刺的是，這二人在詩詞上並沒有分出高下，於是在分別時開始口不擇言，更顯醜態。

他二人既各道詞章，又相聯詩句，行到那分路去處，躬身作別。張稍道：「李兄呵，途中保重！上山仔細看虎。假若有些凶險，正是明日街頭少故人！」李定聞言，大怒道：「你這廝憊懶！好朋友也替得生死，你怎麼咒我？我若遇虎遭害，你必遇浪翻江！」

直到這時，作者的閒筆才算結束，開始引入與主線的故事情節相關的內容，張稍繼續炫耀，說到自己別有奇遇，能夠預知禍福：「這長安城裡，西門街上，有一個賣卦的先生。我每日送他一尾金色鯉，他就與我袖傳一課，依方位，百下百著。今日我又去買卦，他教我在涇河灣頭東邊下網，西岸拋釣，定獲滿載魚蝦而歸。」不料張梢這話被涇河巡水夜叉聽去，報知龍王，龍王不服這算卦先生，特意改了下雨時辰，犯了天條，由此引出一場禍事。

作者對二人的詩詞爭鬥的描寫，用了大量的篇幅，其實與正文並不相關，卻是作者對當時一些酸腐文人文風的認識和諷刺，作者在這裡的大量「閒筆」正是用一種「無厘頭」的表達，產生了反諷的效果。

有才氣和閒情的作者，其文章往往縱橫馳騁，不拘泥於一格。適當的閒筆，能夠展現作者的從容與自信。若想對閒筆正確使用，對作者的學識、修養以及閱歷都有很高的要求，作者必須具有一定的見解和洞察力。張愛玲曾把文章的「主題」比作空洞的抽象物，卻視那些無關緊要的閒筆為靈魂，為血肉，這種觀點可謂獨具一格。一篇文章，如果每句話都直奔主題，不敢「顧左右而言他」，不僅讓人讀來無趣，還會暴露作者窘迫的心態。生活的樂趣往往在閒情之上：一片落葉，一聲蟬鳴，一個不經意的微笑，比起那些嚴肅的大事，也許更值得玩味，更接近生活的底蘊。為文之道亦如此。

在魯迅先生的創作理念中，強調著文藝的宣傳教育功能的同時，也不忘強調它的審美屬性和消遣閒情的功能。他說：「生存的小品文，必須是匕首，是投槍，能和讀者一同殺出一條生存的血路的東西；但自然，它也能給人愉快和休息，然而這並不是『小擺設』，更不是撫慰和麻痺，它給人的愉快和休息是休養，是勞作和戰鬥之前的準備。」魯迅在這裡所說的「休息」和「休養」，實際上指的就是上文提過的消閒。再堅韌、再勇毅的戰士，也不可能只戰鬥，不休息；再頑強、再不怕犧牲的隊伍，也不可能接連打仗，而不做休整。文學的閒情和文學鑒賞的消閒性即從此而來。

第三節　書寫閒情易為好——閒情對文學創作的推動

抒寫閒情的創作動力

「閒情」在傳統詩文中雖有展現卻並不占主導地位，而當詞體文學出現以後，對閒情的書寫便悄然向唐宋詞轉移和傾斜了。唐宋文人在傳統的詩文中大力地揮灑他們的政治激情、人生理想和凌雲壯志，同時在新興而繁榮的詞體文學中盡情地抒寫他們享受人生、消遣生活、充滿詩意的閒情雅趣。閒情從詞體文學開始，逐漸成為文學創作的一大主題。在之後的明清小品文、傳奇小說以及戲曲之中，閒情都占有很高的地位，成為推動文學創作的動力之一。

詞體文學具有與生俱來的娛樂性和抒情性，特別適合對「閒情」的書寫。宋代詞人李振祖的〈浪淘沙〉就記錄了春日遊玩之中產生的一抹閒情，有含蓄朦朧的美。

春在畫橋西，畫舫輕移。粉香何處度漣漪。認得一船楊柳外，簾影垂垂。

誰倚碧闌低，酒暈雙眉。鴛鴦並浴燕交飛。一片閒情春水隔，斜日人歸。

這首詞是一首記游詞，上片寫春日湖水秀美，畫橋西畔遊船如織。男子嗅到一陣脂粉香味，循香望去，原來香味是從柳樹下的小船上的女子身上飄過來的，那女子立於簾下，身影隱約可見。下片寫女子斜倚欄杆，臉頰因酒意上湧，略有紅暈，眉目含情，讓男子不覺產生傾慕之意，但又不便冒昧前去打擾。就在這注視之中，不覺夕陽西下，伊人搖船而去，男子心頭留下了深深的悵惘。如此短短的一首詞，卻能將環境、事件和男女雙方的動作、情態充分描繪出來，鴛鴦浴水、燕子交飛既是寫實，又具象徵性。以「一片閒情」來對這春日小小的動心做結，既傷感也不失含蓄。

寫閒情的詞數不勝數，對古人而言，閒情的含義是非常豐富的，可以是對美麗女子的驚鴻一瞥，可以是對自然山水的欣賞，可以是與友人把酒盡歡的豪情，也可以是傷春悲秋的一縷愁緒。宋代詞人趙文的〈蘇幕遮〉對此進行了描述：「綠秧平，煙樹遠，村燕聲喧，鳧雁歸來晚。自倚闌干舒困眼。一架葡萄，青得池塘滿。飲先愁，吟又懶。幾許閒情，百計難消遣。客路不如歸夢短。何況啼鵑，怎不教腸斷。」

小品文是散文的一種，具有很高的抒情意味和諷刺性。小品文有著悠久的歷史和多種樣式，古人所作的語言優美生動的序跋、傳記以及書信等都是小品文。題材包容和自由題材是小品文的主要特點。明清時期是小品文的成熟期，也是創作旺盛的時期，對後人影響深刻。近代周作人、梁實秋、老舍等著名作家的散文，繼承和發揚了明清小品文的精髓。

明代小品文中最有名的篇目莫過於歸有光的〈項脊軒志〉，文章借小小的書房「項脊軒」的興廢，書寫與之相關的家庭瑣事，讀來溫暖傷感，充滿文人對生活的體認和感慨。

項脊軒，舊南閣子也。室僅方丈，可容一人居。百年老屋，塵泥滲漉，雨澤下注；每移案，顧視無可置者。又北向，不能得日，日過午已昏。余稍為修葺，使不上漏。前

> 辟四窗，垣牆周庭，以當南日，日影反照，室始洞然。又雜植蘭桂竹木於庭，舊時欄楯，亦遂增勝。借書滿架，偃仰嘯歌，冥然兀坐，萬籟有聲；而庭堦寂寂，小鳥時來啄食，人至不去。三五之夜，明月半牆，桂影斑駁，風移影動，珊珊可愛。

作者筆下的「項脊軒」是家中的南閣樓。屋裡僅僅一丈見方，只可容納一個人居住。這間已有上百年歷史的老屋了，其破舊可以想像。屋頂上的泥土從上邊漏下來，積聚的流水一直往下流淌。由於積水，作者只能常常移動書桌，環顧四周有沒有可以安置的地方。屋子朝北，不能照到陽光，一過中午就已經昏暗。為了讓南閣子可以使用，作者稍稍修理了一下，使它不再漏土漏雨，還在前面開了四扇窗子，在院子四周砌上圍牆，利用日光反射，室內才明亮起來，又在庭院種上蘭花、桂樹、竹子等，讓小小的庭院增加了新的光彩。書架擺滿了借來的書籍，作者安居室內，有時吟誦詩文，有時靜自獨坐，聆聽天籟。這裡靜悄悄的，小鳥不時飛下來啄食，人走到牠跟前也不飛走。每到月圓，明月高懸，照亮半截牆壁，桂樹的影子交雜錯落，微風吹來，花影搖動，很是可愛。

雖然是小小陋室，歸有光卻充滿深情地回憶了自己如何整修「項脊軒」，使之成為書房的過程。他還頗有閒情地在此植樹種花逗鳥，平日深思吟詠。雖然只是陋室，卻是一位讀書人的精神家園。值得一提的是，這篇文章雖然短，卻隔了五年才全部寫完。正是因為時光流逝，萬事變遷，才讓這篇文章更加意蘊淵遠。

余既為此志，後五年，吾妻來歸，時至軒中，從余問古事，或憑幾學書。吾妻歸寧，述諸小妹語曰：「聞姊家有閣子，且何謂閣子也？」其後六年，吾妻死，室壞不修。其後二年，余久臥病無聊，乃使人復葺南閣子，其制稍異於前。然自後余多在外，不常居。

庭有枇杷樹，吾妻死之年所手植也，今已亭亭如蓋矣。

做完此文五年之後，歸有光娶妻，妻子時常到軒中，與作者敘舊聊天，有時也在此學學寫字。妻子回娘家後，還向諸位小妹們「炫耀」自家的小書房，表現了她的俏皮可愛。可惜六年之後，妻子過世了，項脊軒也更加破敗。兩年之後，歸有光重新修葺南閣子，可惜總是外出，也不常在此居住了。行文至此，與開始剛剛修葺南閣子之時已經相距十幾年的時間。而文章的最後一句，更是讓人無限傷感：「樹猶如此，人何以堪！」摯愛的妻子已經去世多年，作者自己也垂垂老矣。一篇文章跨度幾十年，雖然只有幾百字的篇幅，卻無限感傷，所說的不過是生活瑣事，記錄的只是文人閒情，以及幾位女子的日常言行，卻能做到含而不露，以情動人，正是歸有光此文的顯著特點。

前文多次提到的《陶庵夢憶》，是明末清初著名的小品文集。明末清初時期，社會動盪，內憂外患不斷，當時，思想界湧現了一股反對理學的思潮，文人在對黑暗現實絕望的同時，開始追求個性解放，沉醉於聲色山水之中，追求物質和精神滿足。在這種社會思潮和人文氣氛之中，造就了如富家出身的張岱的名士風度，決定了他的文章的主要內容。張岱自稱「少為紈絝子弟，極愛繁華。好精舍，好美婢，好孌童，好鮮衣，好美食，好駿馬，好華燈，好煙火，好梨園，好鼓吹，好古董，好花鳥，兼以茶淫橘虐，書蠹詩魔。」

張岱身上具有紈絝子弟的驕奢淫逸，也有晚明文人縱慾玩世的頹放作風。他博通經史，涉獵廣泛，雖然與功名科考無緣，卻筆耕不輟。《陶庵夢憶》正是他晚年經歷了社會巨變之後撰寫而成的：「因想餘生平，繁華靡麗，過眼皆空。五十年來，總成一夢。今當黍熟黃粱，車旅蟻穴，當作如何消受？遙思往事，憶即書之。持向佛前，一一懺悔。不次歲月，異年譜也；不分門類，別志林也。偶拈一則，如游舊徑，如見故人。」

張岱追憶過去，時而揭示了繁華掩蓋下的悽慘，強顏歡笑掩蓋下的辛酸，時而記錄下單純的人生閒情和過去的好時光。而這些記錄，也讓今天的人們能夠了解當時人們生活的各個方面。例如〈乳酪〉，就記錄了處理牛奶、製作乳酪的過程，非常具有生活氣息。

乳酪自駔儈為之，氣味已失，再無佳理。余自豢一牛，夜取乳置盆盎，比曉，乳花簇起尺許，用銅鐺煮之，瀹蘭雪汁，乳斤和汁四甌，百沸之。玉液珠膠，雪腴霜膩，吹氣勝蘭，沁入肺腑，自是天供。或用鶴觴花露入甑蒸之，以熱妙；或用豆粉摻和，漉之成腐，以冷妙；或煎酥，或作皮，或縛餅，或酒凝，或鹽醃，或醋捉，無不佳妙。而蘇州過小拙和以蔗漿霜，熬之、濾之、鑽之、掇之、印之，為帶骨鮑螺，天下稱至味。其製法祕甚，鎖密房，以紙封固，雖父子不輕傳之。

小說的發展與娛樂性

對於小說這樣的文體來說，閒情的內容更加豐富。因為小說本身就具有很強的休閒娛樂性。東漢班固在《漢書．藝文志》中寫道：「小說家者流，蓋出於稗官。街談巷語，道聽塗說者之所造也。孔子曰：『雖小道，必有可觀者焉，致遠恐泥，是以君子弗為也。』然亦弗滅也。閭裡小知者之所及，亦使綴而不忘。如或一言可採，此亦芻蕘狂夫之議也。」這是對小說的起源所做的比較有權威的解釋。小說在古代雖然是「小道」，但是它根源於生活，脫胎於虛構，發揮了人們的想像力，展現了古人的娛樂精神與閒情意識。

在《孟子》、《莊子》、《戰國策》中，有不少人物性格鮮明的故事，後來被稱為寓言，其中已經帶有小說的意味，而寓言正是小說的起源之一。《莊子．秋水》中有這樣一個故事：

> 莊子釣於濮水，楚王使大夫二人往先焉，曰：「願以境內累矣！」莊子持竿不顧，曰：「吾聞楚有神龜，死已三千歲矣，王巾笥而藏之廟堂之上。此龜者，寧其死為留骨而貴，寧其生而曳尾塗中乎？」二大夫曰：「寧生而曳尾塗中。」莊子曰：「往矣！吾將曳尾於塗中。」

一日，莊子正在濮水垂釣，楚王委派二位大夫前來拜訪他，希望莊子能夠出任做官，為楚王分憂。莊子拿著釣竿，並不看他們，淡然說道：「我聽說楚國有隻神龜，死的時候已經三千歲了。楚王用竹箱珍藏牠的骸骨，用錦緞覆蓋，供奉在廟堂之上。請問您二位，此龜是寧願留著屍骨接受供奉，還是寧願生時在泥水中潛行曳尾呢？」二大夫回答：「自然是願活著在泥水中搖尾而行啦。」莊子說：「二位請回去吧！我也願在泥水中曳尾而行哩。」在這篇寓言中，莊子以神龜做比，表達自己更願擁有自由和閒情，而不願意被政治國事所困擾。

史傳是講述歷史的小說的來源。中國古代的史書如《左傳》、《戰國策》、《史記》等，在描寫故事情節和人物性格方面，為小說提供了敘事的經驗。四大名著中的《三國演義》，就脫胎於史書《三國志》，故事主線基本一致，又加入了作家的虛構和誇張。文人筆記中記載的軼事、故事和素材也成為小說的來源之一，這類作品被稱為筆記小說。民間娛樂的說話講史也為小說提供了素材。各個朝代的茶館、飯店中的說書人為了吸引客人，進行說書演義，後來人們將說書內容進行整理和記錄，成為話本小說。可見小說的主要來源之一就是人們的娛樂休閒生活。

《快嘴李翠蓮》便是一篇由說書演化而成的小說，通篇以打油詩的形式，記錄了口快心直脾氣不小的李翠蓮出嫁和出家的故事。這種文字形式膾炙人口，故事情節誇張，自然受到大眾歡迎。小說在開篇入話就提出了「博人一笑」的目的：「出口成章不可輕，開言作對動人情；雖無子路才能智，單取人前一笑聲。」李翠蓮的潑辣和嘴快在說書人的演繹之下特別誇張，這在她出嫁之時對媒人的態度中可見一斑。

> 大家張口吐舌，忍氣吞聲，簇擁翠蓮上轎。一路上，媒媽媽吩咐：「小娘子，你到公婆門首，千萬不要開口。」
>
> 不多時，車馬一到張家前門，歇下轎子，先生念詩曰：「鼓樂喧天響汴州，今朝織女配牽牛。本宅親人來接寶，添妝含飯古來留。」
>
> 且說媒人婆拿著一碗飯，叫道：「小娘子，開口接飯。」只見翠蓮在轎中大怒，便道：「老潑狗，老潑狗，叫我閉口又開口。正是媒人之口無量門，怎當你沒的翻做有。你又不曾吃早酒，嚼舌嚼黃胡張口。方才跟著轎子走，吩咐叫我休開口。甫能住轎到門首，如何又叫我開口？莫怪我今罵得醜，真是白面老母狗！」

話本小說的語言明白淺顯，有很強的口語化特點，內容也詼諧幽默，情節往往曲折，人物形象鮮明有趣，不僅能獲得廣大百姓的青睞，也受到部分文人的重視。在明清時期，文人在有閒之時，非常熱衷於小說創作，出現了大量的優秀作品。長篇小說有《三國演義》、《水滸傳》、《西遊記》、《金瓶梅》、《紅樓夢》等；短篇小說有《三言二拍》，幾乎收錄了大部分當時流行的傳奇小說和話本小說；蒲松齡的《聊齋志異》更是開創了花妖鬼狐的小說系列，將中國古典小說推向了一個新的高峰。小說由於文字易懂，情節動人，比其他文體擁有更廣泛的受眾，也是閒情文化中的重要組成部分。

文人在小說中盡情地馳騁想像，發揮才華，揮灑閒情。在經典的小說《鏡花緣》中，清代小說家李汝珍以漫畫的手法，寫出了世情百態。書中的主角環遊世界，遇到了種種奇人奇事。例如在「白民國」裝腔作勢的學究先生，居然將《孟子》上的「幼吾幼，以及人之幼」讀作「切吾切，以反人之切」。這樣的不學無術之輩，又是視「一錢如命」，盡想占便宜的唯利是圖之人。「淑士國」到處豎著「賢良方正」、「德行耆儒」、「聰明正直」等金匾，各色人等都穿著儒巾素服。他們舉止斯文，滿口之乎者也，卻斤斤計較，十分吝嗇，酒足飯飽後連吃剩下的幾個鹽豆都收到懷裡，即使一根用過的剔牙杖也要放到袖子裡。作品以內外對照的手法揭露這些假斯文的酸腐氣，淋漓盡致地諷刺了儒林的醜態。

李汝珍還以漫畫的手法，嘲諷和批判種種品質惡劣和行為不端的人們。「兩面國」的人天生兩面臉，對著人一張臉，背著人又是一張臉。即使對著人的那張臉也是變化無常，對身穿儒巾綢衫之人，便「和顏悅色，滿面謙恭光景」；對身穿破舊衣衫之人，就冷冷淡淡，話無半句。一旦人們揭開他的浩然巾，就露出一副猙獰的本相。「無腸國」

裡富翁刻薄腌臢，用糞做飯供應奴僕。「穿胸國」的人心又歪又惡。「翼民國」的人頭長五尺，都因愛聽奉承而致。「結胸國」的人胸前高出一塊，只緣好吃懶做。「犬封國」的人長著狗頭人身。「豕喙國」的人則長著一張豬嘴。作者皆極盡諷刺挖苦之能事，將人性的醜惡極致誇張地表現了出來。

除了對人間世情的描寫，李汝珍在《鏡花緣》中也極盡想像之能事，對海外奇異的人情風物進行了非常有趣的想像。書中的主角唐敖、林之洋、多九公一行人來到東荒的第一大嶺東山口，看到了很多奇異的景物。有象徵盛世的「當康獸」；有銜石填海的精衛鳥；有騎著小馬的小人，名為「肉芝」，食之可以延年益壽、得道成仙；還有可以充飢的「祝余」草，以及能夠讓人騰雲駕霧的「躡空草」；還有能讓人入聖超凡的「朱草」。其中對可以充飢的「清腸稻」的描寫最為有趣：

林之洋道：「九公，你看前面一帶樹林，那些樹木又高又大，不知甚樹？俺們前去看看。如有鮮果，摘取幾個，豈不是好？」登時都至崇林。迎面有株大樹，長有五丈，大有五圍；上面並無枝節，唯有無數稻鬚，如禾穗一般，每穗一個，約長丈餘。唐敖道：「古有『木禾』之說，今看此樹形狀，莫非木禾麼？」

多九公點頭道：「可惜此時稻還未熟。若帶幾粒稻米回去，確是罕見之物。」唐敖道：「往年所結之稻，大約都被野獸吃去，竟無一顆在地。」林之洋道：「這些野獸就算嘴饞好吃，也不能吃得顆粒無存。俺們且在草內搜尋，務要找出，長長見識。」說罷，各處尋覓。不多時，拿著一顆稻米道：「俺找著了。」二人進前觀看，只見那米有三寸寬，五寸長。唐敖道：「這米若煮成飯，豈不有一尺長麼？」多九公道：「此米何足為奇！老夫向在海外，曾吃一個稻米，足足飽了一年。」林之洋道：「這等說，那米定有兩丈長了？當日怎樣煮他？這話俺不信。」

多九公道：「那米寬五寸，長一尺。煮出飯來，雖無兩丈，吃過後滿口清香，精神陡長，一年總不思食。此話不但林兄不信，就是當時老夫自己也覺疑惑。後來因聞當年宣帝時背陰國來獻方物，內有『清腸稻』，每食一粒，終年不飢，才知當日所食大約就是清腸稻了。」林之洋道：「怪不得今人射鵠，每每所發的箭離那鵠子還有一二尺遠，他卻大為可惜，只說『差得一米』，俺聽了著實疑惑，以為世上哪有那樣稻米。今聽九公這話，才知他說『差得一米』，卻是煮熟的清腸稻！」唐敖笑道：「『煮熟』二字，未免過刻。舅兄此話被好射歪箭的聽見，只怕把嘴還要打歪哩！」

古代生產力不發達，勞動的人民生活辛苦卻常常不得溫飽。「清腸稻」與稻米形似，一粒即可讓人飽暖一年，這樣的食物如果能夠普及，倒是滿足了廣大飢餓痛苦的平民百姓。李汝珍在對「清腸稻」的功效大為渲染的同時，仍然不忘調笑那些「射歪箭」的人。可見，行文之中的諷刺正是李汝珍做小說的特點，也為《鏡花緣》增添了思想深度和娛樂氣息。

第五章　閒情與其他藝術形式

第一節　薄妝小曆閒情素——服飾裝扮

閒情與服飾文化的審美追求

閒情文化的實質是人們對美的追求，以及由對美的追求而發展形成的文化藝術。人們有了閒情興致，才會關注審美，投身於審美藝術的發揚。可以說，閒情對審美藝術的發展有著不可忽視的推動作用。

李漁在《閒情偶寄》中用〈聲容部〉一章，來專門、系統性地對人們的儀容美學進行研究。所謂聲容，其實就是指人的儀態、容貌，包括服飾和裝扮。愛美乃人的天性，中國古代對人們的服飾裝飾非常嚴格，一個人的裝扮服飾不僅表現了其性格，往往還代表其家庭和社會地位。

〈聲容部〉的第一節是「盥櫛」，所謂「盥櫛」就是洗臉梳頭。如何將面部的油脂、汙垢清洗乾淨是需求學問的，李漁指出，洗臉首先必須注意洗去油脂，確實抓住了要害。梳頭是一門更加講究的學問，僅僅用工具梳理頭髮，李漁就進行了如下敘述：

善櫛不如善篦，篦者，櫛之兄也。髮內無塵，始得絲絲現相，不則一片如氈，求其界限而不得，是帽也，非髻也，是退光黑漆之器，非烏雲蟠繞之頭也。故善蓄姬妾者，當以百錢買梳，千錢購篦。篦精則發精，稍儉其值，則髮損頭痛，篦不數下而止矣。篦之極淨，使便用梳。而梳之為物，則越舊越精。「人唯求舊，物唯求新」。古語雖然，非為論梳而設。求其舊而不得，則富者用牙，貧者用角。新木之梳，即搜根剔齒者，非油浸十日，不可用也。

古人認為「身體髮膚，受之父母，不可毀傷」。頭髮在女子的容貌審美中占有十分重要的地位。古代甚至有不少女子因為頭髮美麗，而受到讚揚，甚至因此吸引了帝王的目光，而被立為皇后。東漢明帝劉莊的皇后，就有一頭長而美的頭髮。《誠齋雜記》中說她的頭髮「為四起大髻，髻成，尚有餘發繞髻三匝」。《陳書》中說南朝陳後主妃張麗華的頭髮「長七尺，鬒黑如漆，其光可鑒」。因為張麗華的頭髮非常美麗，進而得到後主寵愛。漢武帝的衛皇后也是因為頭髮之美，而吸引了漢武帝。衛子夫原本只是平陽公主府的一個歌女，一次偶然見到了漢武帝，唱歌給他聽，於是「上意動，起更衣，子夫因侍，得幸。頭解，上見其發美，悅之，遂納子夫於宮，後立為后」。

頭髮之美還在於髮型的設計。周文王讓宮人梳「鳳髻」，是高髻的一種；又讓宮人梳「雲髻」，步步而搖，人稱「步搖髻」。漢武帝時期流行「墮馬髻」，《陌上桑》中描述美女羅敷「頭上倭墮髻」，即是墮馬髻的一種，是指髮髻在頭部的一邊，似墮非墮，慵懶可愛。三國著名的美女、曹丕的皇后甄氏入就是一個極其注重髮型的女子。據說宮中有一條蛇，口含赤珠，從不傷人。每當甄氏梳妝之時，這條蛇就在甄氏面前盤結成髻形，甄氏即仿效這種形狀梳頭，號稱「靈蛇型」。隋煬帝命宮人梳的髮型有「八鬟髻」「翻荷髻」「坐愁髻」。唐宮中的髮髻式樣更多，名稱足以讓人眼花繚亂，如半翻髻、反綰髻、樂遊髻、雙鬟望仙髻、回鶻髻、愁來髻、歸順髻、鬧歸妝髻等。這些宮妝髮髻很多是皇帝們所喜好或者親自設計、取名的。

古人為了固定頭髮並顯示頭髮的茂盛，發明了假髻。假髻一般是用別人的頭髮或自己以前剪下來的頭髮，做成需要的形狀，襯在頭髮裡面，做成高聳而整齊的髮髻。古人對頭髮的重視超過今人的想像，有專門的髡刑，將犯人的頭髮剃光，以示懲戒。奪人美髮的事也曾發生，魯哀公在城上見到一位頭髮特別美麗的女人，便派人把該女子的頭髮強行剃下來，做成假髮給王后呂姜使用。《周禮》中將假髻稱為「副」，是王后行禮時的頭飾。為了固定頭髮，也可使用絳或絲線纏縛，還用各種髮飾進行裝飾和固定。如飛天髻，要將三個大鬟髻聳起而不塌下，就得借用絲帶纏縛。由於假髻的流行，高髻在東漢以後成為常見的宮中髮式並擴及民間。

花木蘭從軍十二年，回到家鄉的第一件事情就是「當窗理雲鬢，對鏡貼花黃」。對古人來說，髮髻梳成後，還需求插戴各種髮飾。古人的髮飾中，戴花單純是為了美觀，而簪、釧、環等具有「美和用」雙重功能。

髮簪是古人用來固定頭髮的工具，古代男女都用簪。杜甫曾說：「白頭搔更短，渾欲不勝簪。」皇帝常在節日賜給大臣用珍奇物品製作的簪子。簪也是身分的象徵。罪犯不可以佩簪，脫簪後頭上只能梳一個囚髻。后妃如果有過失，在皇帝面前也要脫簪去環。簪以玉製、骨制、犀角制、象牙制、金銀製為多，也有木製等其他材質。東漢禮服中規定，太后的髮簪長達一尺，以玳瑁為簪股，上立一隻鳳凰，以翡翠為毛羽，下嵌白珠，以黃金飾物垂下做裝飾。

步搖歷史久遠，據考證是商紂王發明的。步搖名副其實，插在頭上隨著女子走路一步一搖，十分嫵媚。宮中后妃的步搖一般用金子做成，垂墜以白珠。

釵是髮飾中比較常見的，富貴之家和皇宮之中有金、玉、玳瑁等珍奇物品製作的釵，而貧家女子只能戴荊釵，「拙荊」便是男人對外人稱呼自己妻子的謙辭。后妃所佩的釵上一般以鳳、燕雀、鸞及花卉等為裝飾。唐代的一支玉釵，在當時市場上就高達七十萬元錢。魏晉文人夏侯湛曾因此寫了一篇〈雀釵賦〉，來說明當時服飾裝飾的流行。

> 覽嘉藝之機巧，持精思於雀釵。收泉珍於八極，納瑰異以表奇。布太陽而擬法，妙團團而應規。於是妍姿英妙之徒，相與競變寵，並修敕；理桂襟，整服飾。黛玄眉之琰，收紅顏而髮色。流盼閒步，輕袂翼翼。恃炫黼以相邀，常逍遙而侍側。昔先王興道立教，崇沖讓以致賢，不留志於華好。

鈿是金屬製成的髮飾，圖案以花為主，常稱為金鈿或花鈿。鈿和步搖都只是裝飾，沒有固定頭髮的作用。

花是最為新鮮美麗的頭飾之一，人們喜歡將喜愛的花戴在鬢上。隋唐時流行花冠，皇后的禮冠規定要插十二支花，是非常華貴的花冠。明代宮女們也在帽子上簪花示人。在《紅樓夢》中，劉姥姥戴花一節可以看出古人們對鮮花的喜愛。

此時眾人正在大觀樓內坐著，便有碧月捧了一個翡翠盤子來，裡邊盛著各式花樣，賈母便揀了一朵簪於鬢上。又招呼了劉姥姥過來戴花，鳳姐見了，忙拉了劉姥姥來，笑道：「讓我打扮你。」說著，將一盤子的花插了她一頭，眾人笑得不得了，劉姥姥笑道：「我今日裡倒成了個老風流了。」

古代女子除了髮飾，更加離不開的是胭脂、粉黛。「毛嬙，天下之姣人也，待香澤脂粉而後容」，女子即使天生麗質，也需求借助脂粉來展示光彩。在各個朝代，脂粉的花費都是後宮費用的一大項。隋煬帝宮中的女子喜好畫長蛾眉，於是後宮每天需求消耗五斗產自波斯的螺子黛粉。明末宮中的脂粉錢一年需求四十萬兩銀子。不僅古代女子喜歡粉妝，連男子也會粉飾自己。南北朝時期，南朝皇帝被稱為傅粉郎君，金代的幾個皇帝都有傅粉的嗜好。明代皇帝在上朝前，必用粉傅面及頸，以顯示自身的容光和肅穆。

鉛粉自古被用來作為女子的化妝品，據《博物誌》記載，紂最先燒製鉛錫作粉，鉛粉可以使皮膚顯得潤滑白淨。秦穆公的女兒弄玉與蕭史相戀，蕭史教她燒水銀作粉，叫做飛雲丹。但其實鉛粉含有毒素，長期使用對身體有害。賈思勰在《齊民要術》中記載了用稻米為原料製粉的方法。明代后妃宮女用紫茉莉的種子製粉。古人還常用花製作化妝品，如玉簪花、薔薇花等。

胭脂則是古代女子化妝的另一種主要用品。一般分為用來飾面和點唇兩種。擦面的胭脂可以製成粉狀，而點唇的胭脂一般做成脂狀，稱為口脂或唇脂。《紅樓夢》中「平兒理妝」一節提到了用茉莉製粉和使用胭脂的細節。

平兒聽了有理，便去找粉，只不見粉。寶玉忙走至妝臺前，將一個宣窯瓷盒揭開，裡面裝著一排十根玉簪花棒，拈了一根，遞給平兒，又笑向她道：「這不是鉛粉。這是紫茉莉花種，研碎了，兌上料製的。」平兒倒在掌上看時，果見輕白紅香，四樣俱美，撲在面上也容易勻淨，且能潤澤，不像別的粉輕重澀滯。然後看見胭脂也不是成張的，卻是一個小小的白玉盒子，裡面盛著一盒，如倒膏藥一樣。寶玉笑道：「那市賣的胭脂都不乾淨，顏色也薄。這是上好的胭脂擰出汁了來，淘澄淨了渣滓，配了花露蒸疊成的。只用細簪子挑一點抹在手心裡，用一點水化開抹在唇上；手心裡就夠打頰腮了。」平兒依言妝飾，果見鮮豔異常，且又甜香滿頰。

黛是一種青黑色的顏料，古時女子將原本的眉毛剃去，以黛畫眉。黛一般由書寫繪畫的墨加上麝香等香料製成。西域人製作黛的方法更好，因此隋煬帝時，就從西域購買螺子黛，宮中稱為蛾子綠。唐代學者顏師古《隋遺錄》中記載：「吳絳仙善畫長蛾眉，由是殿腳女爭效為長蛾眉，司官吏日給螺子黛五斛，號為蛾綠螺子黛，出波斯國，每顆值十金。」

古代女子流行的妝面隨著時間推移不斷地改變。東漢曾盛行「啼妝」，安史之亂發生之前，唐宮女仿效楊貴妃在兩頰塗素粉而不施胭脂，號稱「淚妝」。宋理宗的宮人在眼角點粉，也稱作「淚妝」。古代女子化妝的變化主要是在額頭和雙頰，透過更換顏色和花樣，以及改變眉毛的濃淡和眉形來形成妝面的變化。南北朝和唐朝盛行額黃妝，以不同的黃色顏料在額頭畫月形黃。傳說唐代流行的梅花妝來源於南朝宋武帝的女兒壽陽公主的一個故事。公主曾臥於含章殿檐下，一朵梅花飄落在她額上，印出五瓣花形，十分美觀，於是宮人紛紛相仿。唐代的女官上官婉兒廣聞博識，據說她發掘了前代的梅花妝而使之在唐宮流行。工人們用金銀錫箔製成梅花圖案，貼在眉心，這種化妝的方式一直延至宋代。

女子對眉毛的描繪是在面部化妝中是變化最多最微妙的。八字眉曾經流行一時，眉形表現為眉尖高而眉梢低。八字眉有長短粗細之分，從古代畫像上看，盛唐時宮女都愛短而粗的八字眉。八字眉最能影響面部表情，顯示出嬌美之態。蛾眉幾乎從不過時，它粗且長，能顯示出面部的神采。遠山眉相對柔和，眉形彎細而淡，漢成帝的寵妃趙合德喜就喜愛畫遠山黛，看起來十分嫵媚。

自由多變的衣飾潮流

講究美麗的古代女子更注重服飾，而且自由多變，服飾也如同髮型等裝飾一樣，隨著時代變遷形成各種風尚。南北朝時期，南朝出現了寬袖熱，直至隋唐，貴族女子仍然喜愛寬袍廣袖。北朝宮中流行窄袖衣，在唐初至盛唐時期更受歡迎。窄袖衫實際上是胡服中男裝的樣式，但在開元天寶年間，宮女穿男裝成為一種時尚。胡服便於騎馬，因此受到宮女們的喜愛。盛唐時期，整個社會充滿豪爽之氣，女子不僅可以穿柔美的紅裝，也喜歡穿便於活動的男裝。

在盛唐之前，宮女騎馬一般穿著一種能夠遮蔽全身的衣服，稱為「冪」，以防被人窺視。到武則天時，冪不再盛行，而代之以帷帽，這是一種形似雨笠的帽子，帽檐有黑網垂到頸部，可以遮擋面目。到玄宗時期，宮女改戴胡帽或者幞頭，或不戴帽子，「靚妝露面，無復障蔽」，穿著窄袖圓領的男裝。直到安史之亂打擊了唐宮胡服的盛行，此後，后妃宮女們逐漸拋卻了窄袖袍衫，回歸寬袍廣袖。

秦以前的女服是衣裳相連的一片式，之後女子改穿短衫。到唐朝時期，女子的服裝一般是上身衫襦，下身長裙。盛唐時期，由於觀念的開化，女子開始穿開到半胸的窄袖或寬袖短衫。女子的裙裝種類繁多，隋至唐初人們喜歡較窄的裙子，到盛唐之後裙子愈加寬大，飄動感很強。裙的顏色多為紅、黃、綠等鮮豔的顏色，楊貴妃尤喜著黃裙。唐中宗的安樂公主擁有兩件百鳥裙，採百鳥羽毛織成，顏色千變萬化，閃爍著百鳥圖案，是稀世珍品。花籠裙是用絲織成的薄而透明的裙子，上面加繡花鳥圖案。

唐代后妃宮女喜歡在肩上披著如現在的披肩一樣的織物，上面繡著花卉等圖案，稱作披帛和帔肩。唐代民女未出嫁時用披帛，出嫁後則用帔肩。唐玄宗開元年間，要求婦女在隨侍和參加後廷宴會時，披有圖案的披帛。宮女們在端午節要披較為華麗的披帛，叫做奉聖巾或續壽巾。宋代時寬衣大袖一般是禮服，只有在禮儀活動中才可穿著，日常則穿窄袖便裝。宋代宮廷女子的日常服裝一般有兩種式樣，一種上身為窄袖短衫襦，下身是拖地長裙。裙裝以多褶為美，褶更多而細密的裙子，稱為千褶裙，由於繼承了唐代的服裝樣式，一般還要拖地數寸。宋理宗時，宮中時興前後不縫合的拖地裙，叫做「趕上裙」。另一種服裝的上衣是窄袖長衫，外套是對襟褙子，褙子是由中單加長變化而成的，區別是中單在腋下縫合，下有交帶，而背子在腋下不縫合，沒有帶子，長至腳面。

明代宮女的官服沿用宋代規定，一般是紫色、團領、窄袖。其實明代還有一種盛行的服裝是從元代宮中繼承而來，稱作比甲。比甲無領無袖，前面比後面稍短，兩側開衩處各有一個襻扣作為修飾，這種服裝便於騎馬，而且前胸後背都能得到保暖，同時手臂還能夠活動自如。明代的女子尤其是貴族女子喜歡穿自己設計製作的服裝。明熹宗的張皇后用白綾搭配桑色綾，製成鶴氅式新衣，稱為霓裳羽衣。崇禎時，宮女們爭相效仿周皇后，以穿素白色的紗衫為美，

中國古人十分講究女性的容飾，「婦人貌不修飾，不見君父」。婦女修飾容貌成為必須遵守的社會道德。《戰國策》中說：「士為知己者死，女為悅己者容。」愛美是人特別是女子的天性和本能。即使生活在社會底層的貧困婦女，稍有條件都會使用胭脂，女子每日對鏡梳妝更是必修課。

古人對奇裝異服的愛好遠遠超過今人的想像，甚至一國之君也不乏對奇裝異服的閒情。戰國的鄒君喜歡冠繫長纓，於是鄒君身邊的臣子甚至百姓都繫上了長纓。齊桓公喜歡穿紫色的衣裳，結果全國人都爭相穿紫色衣服，導致紫色服裝漲價，有人想用五件素衣換一件紫衣而不可得。楚文王喜歡戴獬冠，轉眼間楚國上下紛紛效仿，所謂「宮中好高髻，四方高一尺。宮中好廣袖，四方全匹帛」。但是君主們並不欣賞百姓的「跟風」，他們從來只願意獨享。於是漢唐以來，百姓不敢再效仿皇帝的服裝樣式和顏色，但皇帝卻常常借鑑民間流行的服裝裝飾。朱元璋晚年微服到神樂觀，見路上有人頭裹網巾，他很喜歡這種樣式，不久之後，宮中眾人也開始戴網巾。

古人在鞋襪上也有很多講究。漢代規定皇帝祭祀之時需求穿「舄」。舄是一種雙層底的鞋子，最下面是木頭，上塗一層乾蠟防泥防水，實用而精緻。漢孝文帝所穿的舄用革製成，叫做革舄。唐宋的禮服需求搭配赤舄，唐代的舄還會加上金飾。宋舄也用金玉裝飾。宋代朝服配黑舄，用皮革製成，日常服裝則配白舄，由絲綿製成。履則指單底鞋。古代庶人穿草履，有錢人家穿絲履，皇帝的履一般用烏皮製成。唐宣宗為尊崇孔子，設計了仿孔子所穿式樣的鞋，名魯風鞵，引起眾臣仿效，稍改式樣之後稱為遵王履。明代皇帝平時穿玄履，用朱緣、紅纓、黃結等進行裝飾。而屨是用麻、葛製成的單層底的鞋，比履的樣式更加簡潔。

屐是用木頭製成的底較厚的鞋，下有齒，也可無齒，出門行路可以防滑、耐磨。李白在〈夢遊天姥吟留別〉中寫道：「腳著謝公屐，身登青雲梯。」所謂「謝公屐」，是指魏晉著名文人謝靈運登山之時所穿的木屐，鞋底裝有兩個木齒，上山支其前齒，下山支其後齒，便於走山路。後來流行的靴子源自胡服，引進中原之後成為軍士的裝備之一，也受到皇室的歡迎。隋文帝曾穿著六合靴上朝，於是六合靴逐漸成為皇帝專屬的鞋子。宋代幾次更定輿服制度，朝服用履還是靴反覆多次，其中靴子用黑革製成，鞋底鞋面與履相似，只是增加了長筒。大宴時群臣都穿皂文靴。

襪，足衣也。古人的襪子沒有鬆緊彈性，只能用襪帶固定。襪帶常常會鬆開斷裂，發生在一國之君身上往往不免尷尬。一次，周武王罷朝時襪帶斷了，但他環顧左右，都沒能找到可代替襪帶的東西。傳說武王率軍伐紂時，行軍至商山，襪帶鬆開了，身邊的五個臣子都不肯為他繫上，都說「臣所以事君，非為系襪」。是否穿好襪子雖然看似細枝末節，但有時也會成為人們評判他人的標準。漢成帝時，中山王覲見，成帝與他一同進餐，並在旁一直觀察他，他發現中山王吃飽後站起來時，襪帶鬆開了，便認為中山王無能。因此成帝在皇侄中選擇繼承人時，完全沒有考慮中山王。

纏足是源自中國古代宮廷的一項獨特的發明。自從宋代以後，波及民間，以至於裹足成為婦女的必修課。纏足創始於五代十國中的南唐。南唐李後主為寵妃纏足，用帛纏繞其足，還迫使之彎曲，成為新月形狀。李後主無比讚賞纏足，於是宮中的女子紛紛效仿，為自己纏足，希望以此獲得皇帝的寵愛。纏足一事由此逐漸地遍布宮廷，甚至深入民間習俗。

宋明時期，纏足已經成為一種無可置疑的美，女子為了出嫁順遂，為夫家所喜，幾乎都開始纏足。文人墨客也喜歡在詩文之中讚美纖足。女子纏足後，站立、行走便成為累事，行動如弱柳扶風。當時的男子眼中，形成了以弱為美的審美觀念，更加肯定了纖足的美。纏足的女子需求將兩腿及盆骨肌肉繃緊，才能站穩、走好，這種一搖一擺的樣子在男人眼中更是小巧、可憐，所以受到男子的歡迎。直到喜好強健的清代統治者上臺，才嚴令禁止后妃宮女纏足。作為馬背上的民族，他們顯然認知到了漢民族以弱為美的觀念容易導致百姓體魄的軟弱。

纏足開始流行之後，與之適應的尖頭鞋也開始流行。唐代之前，女子的鞋一般為圓頭或方頭，唐代盛行重臺履，履底較厚，履頭高高翹起，被製作成花狀、鳥狀、笏狀等，可以露在裙袍外面。宋代流行過翹頭履和紅靴，弓鞋也是在宋代出現的。弓鞋就是纏足的小腳穿的尖頭鞋，一般為木底緞面，面上繡花，女子纏足後常有足臭，所以鞋中要放入一些香料。自穿上弓鞋後，婦女的鞋頭不再露出裙衫外。清代后妃宮女不纏足，盛行穿花盆底鞋，木底，底高二三寸或者更高，呈花盆狀，袍的下幅將鞋罩住，顯示身材高挑，在清宮戲中常常可以看到花盆底鞋的樣子，倒是與如今的高跟鞋異曲同工。

第二節　一亭聊復寄閒情——園林藝術

施法自然的園林藝術

園林一直是古人閒情生活的重要組成部分。「寧可食無肉，不可居無竹」，居住環境的優美是古人尤其是貴族、官人積極追求的。古代園林對自然的極度重視，是「天人合一」文化的表現，也是中式園林的獨到之處，使它們具有了永恆的藝術生命。

商周時期，人們已經開始利用自然條件，以山澤、水泉和鳥獸為裝飾進行最早的造園活動。周武王曾建「靈囿」，圈定一定的場地，種草植樹，讓鳥獸自由地滋生繁育。還挖池築臺，以供貴族皇族狩獵遊玩。春秋戰國時期，園林中已經有了初成規模的人造風景。皇室貴族不僅依靠自然山水修建園林，而且加入了設計的成分，在園林之中搭建小橋亭子，種植花木，豢養珍禽異獸。此時這種園林意境不再是簡單的「囿」了。

秦漢時期，秦始皇建上林苑，引入渭水作長池，並在池中建築假山，仿照蓬萊山以象徵神山仙境。魏晉南北朝時期，中式園林發展出現了轉折點。老莊哲學和佛教的流行使得園林轉向崇尚自然。同時，隨著生產力的發展，私家園林逐漸增多。唐宋時期，官員、貴族和文人墨客開始參與造園工作，他們將詩和畫融入園林的布景之中，園林的造型和布置變得更加詩意化。明清時期，園林藝術更加精巧，北方的帝王園林和江南的私家園林都有了很大的進步。保留至今的古代園林一般都是明清時代的，它們充分展現了古代園林的獨特風格和高超藝術。

「施法自然」一直是建造園林的標準之一，包含兩個方面。一方面要求園林的總體布局和組合要合乎自然。山水的配合，人造假山中峰、澗、坡、洞各個景象的組合，也要符合自然界山水的客觀規律。另一方面要求山水景象的組合要合乎自然規律。由於園林中的假山峰巒是人工使用石材堆疊而成，所以堆砌時要仿造天然岩石的紋路脈絡，盡量減少人工的痕跡。水池也要求達到自然曲折、高下起伏的效果。同時園林的花木布置也應該疏密相間，追求天然野趣。

空間的合理利用也是中國園林藝術的追求之一。中國古典園林的美就在於大空間的和諧，小空間的唯美，以及不同空間的融合。透過空間自然的搭配，達到完美的結合，可謂「高高下下天成景，密密疏疏自在花」。人們將透過建築和花木來分隔空間，製造更豐富的空間感受的方式稱為「隔」。「隔」力求在視角上擴大突破園林本身有限的空間，並使之融於自然，表現自然。要求形神兼備，情景交融，虛實相生，以有限的空間表現無限的景緻。

如果只是將一個個獨立的空間進行堆疊，很難產生美感。中式古典園林的巧妙在於別具匠心，將景與景，空間與空間巧妙搭配結合，形成更加豐富幽深的景緻。例如空間與空間，以牆壁相隔，有廊子界開，層次多了，景緻就見得深了。但牆壁上有精緻的花窗，廊子大多沒有遮攔，實際是隔而不隔，界而未界，因而更增加了景緻的深度，達到彷彿在景緻對面放置鏡子的效果，使得層次更多了，給人更大的空間感受。

人們透過種種方法，將園內空間與自然空間相融合。例如花窗的運用，花窗是一種滿格的裝飾性透空窗，外觀是不封閉的空窗，窗洞內裝飾各種鏤空圖案，看似與外部隔開，實際還是相連的。這種花窗在江南園林中得到廣泛應用，它們使空間流通，視覺通透，達到「隔而不絕」的效果。在花窗內可以見到玲瓏剔透的花飾圖案。透過花窗可以看到窗外的花草竹木，亭臺樓閣時隱時現，遠空藍天白雲，形成幽深寬廣的空間境界和意趣。《紅樓夢》的大觀園，即遵守了園林「隔」的特點。

賈政先秉正看門，只見正門五間，上面桶瓦泥鰍脊，那門欄窗槅，皆是細雕新鮮花樣，並無朱粉塗飾，一色水磨群牆，下面白石臺磯，鑿成西番草花樣。左右一望，皆雪白粉牆，下面虎皮石，隨勢砌去，果然不落富麗俗套，自是歡喜。遂命開門，只見迎面一帶翠嶂擋在前面。眾清客都道：「好山，好山！」賈政道：「非此一山，一進來園中所有之景悉入目中，則有何趣。」眾人道：「極是。非胸中大有邱壑，焉想及此。」說畢，往前一望，見白石崚嶒，或如鬼怪，或如猛獸，縱橫拱立，上面苔蘚成斑，藤蘿掩映，其中微露羊腸小徑。

園林之中的建築種類多樣，有堂、廊、亭、榭、樓、臺、閣、館、齋、舫、牆等。

這些建築的佈局和造型同樣需求與園林自然景緻的配合，才能達到渾然天成的效果。假山雖然是人工搭建而成，但是選用的石紋，形成的石洞、石階、石峰等都要具有自然美。人工引水形成的河渠、湖泊，岸邊曲折自如，水清澈靈動，自然寧靜。因此所有建築，其形與神都要與所處的自然環境吻合，同時又和園內各部分自然相接，以使園林體現自然、恬靜的藝術特色，並具備觀賞效果。園林藝術中對樹木花卉的安設，也講究自然和諧。

皇家園林與私家園林

古代園林按照所有者的區別，可分為皇家園林和私家園林兩種。幾乎每個朝代都會修建皇家園林。「普天之下，莫非王土」，所以皇家園林的特點是一般是規模宏大，更多地使用真山真水，園中建築富麗堂皇，體型高大。現存的頤和園、承德避暑山莊都是清代皇家園林，從中可見當時統治者的審美喜好。

皇家園林一般嚴肅而富麗，園林中一般建有統治者起居議事的宮殿，並常有廟宇布置其中，成為園林的構圖中心。相傳秦始皇所建阿房宮，「五步一樓，十步一閣」，漢代未央宮「宮館復道，興作日繁」。到清代時，園內建築的數量和類型增加了，同時憑藉皇家財力的雄厚，建築的形式美得到了突出，成為體現皇家氣派的最主要手段之一。清代皇家園林雍容華貴、金碧輝煌，充分體現了濃郁的華麗高貴的宮廷色彩。

以保存相對完好的頤和園為例，來看皇家園林的範例。頤和園坐西朝東，正門現在是東宮門。門楣、檐下用油彩描繪了華麗的圖案。六扇朱紅色大門上嵌著整齊的黃色門釘，中間檐下掛著九龍金字大匾，上書「頤和園」三個大字，為光緒皇帝御筆親題。門前是以雲龍石雕刻的二龍戲珠，是乾隆年代所刻，是從原圓明園移至此地的，這是皇帝尊嚴的象徵。東宮門當年只供清朝帝后出入。園林中的建築風格一致，紅牆綠瓦處處可見，雕欄畫棟色澤豔麗，院中的陳列雕飾也非常精美。

頤和園中的自然景觀以萬壽山和昆明湖為主。萬壽山是燕山餘脈的一支，高六十餘米。萬壽山的前山上，以佛香閣為中心，形成一系列建築群。後山有西藏佛教建築以及五彩琉璃多寶塔。山上還有各種亭臺樓閣，可俯瞰昆明湖的景色。萬壽山的前山臨昆明湖，湖山相襯，構成一個極其開闊的自然環境。湖、山、島、堤以及建築，配合著園外的借景，形成如錦似繡的風景畫卷。

萬壽山前山其餘地段的建築形體不大，自然而疏朗地散布在山上。仿似明珠一般鑲嵌在蔥蘢的蒼松翠柏之中，用以烘托端莊、典麗的中央建築群。登上萬壽山，站在佛香閣的前面向下望，頤和園的景色大半收在眼底，蔥鬱的樹叢，掩映著黃的綠的琉璃瓦屋頂和朱紅的宮牆。正前面，昆明湖靜得像一面鏡子，綠得像一塊碧玉，遊船、畫舫在湖面慢慢地劃過，幾乎不留一點痕跡。向東遠眺隱隱約約可以望見幾座古老的城樓和城裡的白塔。

萬壽山頂最高處的宗教建築，名曰「智慧海」。此詞為佛教用語，意在讚揚佛的智慧如海，佛法無邊。這是一座完全由磚石砌成的佛殿。用精美的黃、綠兩色琉璃瓦裝飾建築外層，上部用少量紫色、藍色的琉璃瓦蓋頂，整座建築顯得色彩鮮豔，富麗堂皇。殿外壁面鑲嵌了千餘尊琉璃佛，極富特色和美感。「智慧海」雖然看似極像木質結構，但實際上沒用一根木料，而是全部用石磚砌成的，也沒有枋檁承重，所以又稱「無梁殿」。殿內供奉了無量壽佛，所以也被稱為「無量殿」，是頤和園中極富特色的建築。

後山的景觀與前山迥然不同，富於山林野趣，其中林木蓊鬱、山道彎曲、景色幽邃。除中部的佛寺「須彌靈境」外，建築物相對集中，自成一體。它們或踞山頭，或倚山坡，或臨水面，均能隨地貌而靈活布置。其中的諧趣園原名惠山園，是模仿無錫寄暢園而建的一座園中園。全園以水面為中心，以水景為主體，環池布置清樸雅潔的樓、榭、亭、軒等建築，曲廊連接，間植垂柳修竹。池北岸疊石為假山，從後湖引來活水注於池中。流水叮咚，以聲入景，更增加了這座小園林的詩情畫意。

昆明湖是頤和園的主要湖泊，占全園面積的四分之三，約有二百二十公頃。南部的前湖區碧波蕩漾，煙波浩渺，西望山巒起伏，北望樓閣成群。湖中有一道西堤，堤上桃柳成行；十七孔橋橫臥湖上，湖中三島上也有形式各異的古典建築。昆明湖是清代皇家園林中最大的湖泊，湖中的西堤自西北逶迤向南，將湖面分為三個大小不等的水域，每個水域各有一個湖心島。這三個島在湖面上成鼎足而峙的布列，象徵著中國古老傳說中的東海三神山：蓬萊、方丈、瀛洲。由於島堤分隔，湖面出現層次，避免了單調空疏。

西堤以及堤上的六座橋是有意識地模仿杭州西湖的蘇堤和「蘇堤六橋」，使昆明湖益發神似西湖。西堤一帶碧波垂柳，自然景色開闊，園外的玉泉山和山頂的玉峰塔影倒映湖上，也成為園景的組成部分。園外之景和園內湖山渾然一體，是園林中運用借景手法的傑出範例。湖區建築主要集中在三個島上。湖岸和湖堤綠樹蔭濃，掩映瀲灩水光，呈現一派富於江南情調的近湖遠山的自然美。

私家園林包括皇家宗室外戚、王公官吏、富商大賈、文人墨客所有的休閒園林。其特點是規模較小，所以常用假山假水，建築小巧玲瓏，表現其淡雅素淨的色彩。現存的私家園林有北京的恭王府，蘇州的拙政園、留園、滄浪亭、網獅園等。蘇州的私家園林最為出色。葉聖陶先生所作的〈蘇州園林〉一文中有這樣的描述：

設計者和匠師們因地制宜，自出心裁，修建成功的園林當然各個不同。可是蘇州各個園林在不同之中有個共同點，似乎設計者和匠師們一致追求的是：務必使遊覽者無論站在哪個點上，眼前總是一幅完美的圖畫。為了達到這個目的，他們講究亭臺軒榭的布局，講究假山池沼的配合，講究花草樹木的映襯，講究近景遠景的層次。總之，一切都要為構成完美的圖畫而存在，絕不容許有欠美傷美的敗筆。他們唯願遊覽者得到「如在畫圖中」的美感，而他們的成績實現了他們的願望，遊覽者來到園裡，沒有一個不心裡想著口頭說著「如在畫圖中」的。

私家園林空間有限，規模要比皇家園林小得多，又不能將自然山水圈入園內，因而多以人工之力構成以小見大的自然山水意境，造園手法豐富多彩。私家園林一般活潑而典雅，造型玲瓏空透，並不拘泥於居住或觀賞兩種功能。私家園林多處市井之地，很難全部選用自然山水。布局常選取一定的範圍內精心營造，一般以廳堂為園中主體建築，景物緊湊多變，用牆、垣、漏窗、走廊等劃分空間，大小空間主次分明、疏密相間，構成有節奏的變化。園林整體常以多條觀賞路線連接起來，道路迂迴蜿蜒，主要道路上往往建有曲折的走廊。池水以聚為主，以分為輔，形狀並不規則，用橋、島等使水面相互滲透，更加幽深曲折。

私家園林歷史同樣悠久。東晉顧辟疆在蘇州所建的辟疆園，應當是江南最早的私家園林了。漢初商業發達，富商大賈的奢侈生活不在王侯之下。地主、大商為此也建造園林，來滿足他們閒情生活的需求。據《西京雜記》記載：「茂陵富民袁廣漢，藏鏹巨萬，家童八九百人。於北邙山下築園，東西四里，南北五里，激流水注其中。構石為山，高十餘丈，連延數里。養白鸚鵡、紫鴛鴦、牦牛等奇獸珍禽，委積其間。積沙為洲嶼，激水為波濤，致江鷗海鶴孕雛產鷇，延蔓林池；奇樹異草，靡不培植。屋皆徘徊連屬，重閣移扉，行之移晷不能偏也。」

在三國魏晉時期，產生了許多擅長山水畫的名家，他們善於畫山峰、泉、丘、壑、岩等。在山水畫的出現和發展的基礎上，由畫家所提供的構圖、色彩、層次和美好的意境往往成為造園藝術的借鑑。這時文人官員更是以玄談隱世，寄情山水，以隱退為高尚，更有的文人畫家以風雅自居。因此，該時期的造園活動將「詩情畫意」運用到園林藝術之中，為隋唐山水園林藝術的發展打下了基礎。

唐代時期，洛陽作為副都，於是很多貴族官僚在洛陽興建了私家園林。單是北宋李格非所作的〈洛陽名園記〉中，就介紹了十九個洛陽名園，多數是在唐朝莊園別墅園林的基礎上發展而成的，但在布局上已有了變化。它與以前園林的不同在於，將園景與住宅分開，園林單獨存在，專供人們閒情娛樂、遊賞宴飲之用。

明、清是中國園林建築藝術集大成的時期，除了規模宏大的皇家園林之外，貴族、官僚、文人為了滿足家居生活的需求，還在城市中大量建造以山水草木為主體的園林，以供日常聚會、遊憩、宴客、居住。官人的私家園林，一般建在城市之中或近郊，與住宅相連。在不大的面積內，追求空間藝術的變化，風格素雅精巧，滿足欣賞的要求。

江南私家園林不僅強調自然風景之美，還重視室內的陳設，講究在室內擺設各種字畫、工藝品和精緻的家具。這些工藝品和家具與建築功能相協調，經過精心布置，形成了中國園林建築特有的室內陳設藝術，這種陳設又極大地突出了園林建築的欣賞性。明清江南私家園林的造園意境達到了自然美、建築美、繪畫美和文學藝術的統一。與一般藝術不同的是，它是由建築、山水、花木組成的綜合藝術品。園林藝術的發展不斷受到園林主人審美觀念、閒情意趣的推動，呈現各種各樣的變化和風格。成功的園林藝術，既能再現自然山水美，又高於自然，但又不露人工斧鑿的痕跡。

第三節　高情閒出任君彈——戲曲藝術

古代戲曲的流行與發展

中國戲曲與其他藝術形式不同，既可以作為閱讀的文本存在，包括劇本的情節、文辭、聲韻等，又有著複雜的表演形式，包括唱、念、做、打以及舞臺布景、音樂伴奏等，是一門綜合性的藝術。俗語說，會看戲的看門道，不會看戲的看熱鬧。戲曲適合各種文化程度的人觀賞，在古代受到廣泛的歡迎。戲曲從萌芽到成熟，經歷了複雜的發展過程，發展的線索不只一條，來源也不只一處，無論內容還是形式，都具有源遠流長的歷史。簡言之，它發端於先秦兩漢，醞釀於隋唐，形成於宋，繁榮興盛於元，發展演變於明清。今天，中國戲曲仍然非常活躍，形成以京劇為代表，由眾多地方戲曲組成的戲曲大家庭，豐富著人們文化生活，為大家帶來無數歡樂與閒情。

戲曲藝術在古人的閒情生活中占有重要地位。古人生活的物質條件相對低下，因此戲曲、說唱等內容豐富、娛樂性強的表演受到廣大人民的歡迎。官宦富貴人家一般會蓄養自己的戲團隊，簡稱家班，以供主人家對戲曲欣賞的不時之需。一般平民百姓則隨機緣看戲，例如戲團隊來到當地表演，重大節日時官府請戲班演戲等。戲臺一般有露天場地、堂會、庭院等。其中寺廟、祠堂以演神戲為主，有時也演出一般戲曲。說唱藝人一般在茶樓飯鋪表演，相對比較固定。張岱在《陶庵夢憶》中回憶了著名說書藝人柳敬亭說書的盛況。

南京柳麻子，黧黑，滿面疤瘰，悠悠忽忽，土木形骸，善說書。一日說書一回，定價一兩。十日前先送書帕下定，常不得空。南京一時有兩行情人：王月生、柳麻子是也。余聽其說〈景陽岡武松打虎〉白文，與本傳大異。其描寫刻畫，微入毫髮，然又找截乾淨，並不嘮叨。勃夬聲如巨鐘，說至筋節處，叱吒叫喊，洶洶崩屋。武松到店沽酒，店內無人，謈地一吼，店中空缸空甓皆甕甕有聲。閒中著色，細微至此。主人必屏息靜坐，傾耳聽之，彼方掉舌。稍見下人呫嗶耳語，聽者欠伸有倦色，輒不言，故不得強。每至丙夜，拭桌剪燈，素瓷靜遞，款款言之，其疾徐輕重，吞吐抑揚，入情入理，入筋入骨，摘世上說書之耳而使之諦聽，不怕其不齚舌死也。柳麻子貌奇醜，然其口角波俏，眼目流利，衣服恬靜，直與王月生同其婉娈，故其行情正等。

鄉下民眾看戲的地方比較隨意，或坡地，或林邊，或平原曠地，都可以成為表演的舞臺。蘇州地區二三月間，「里豪市俠，搭臺曠野，醵錢演劇，男婦聚觀，謂之春戲臺」。陝西鄉民也喜歡在開闊之地搭臺演出。露天戲臺裝飾簡陋，一般在看戲時臨時搭建，表演完成就會被拆除。藝人在觀眾中間演出，與觀眾的距離很近，便於交流。夜間看戲時，人們會在戲場點燃火把、蠟燭或油燈，以供照明。如果人們經常聚在一處看戲，往往會使該處成為相對固定的看戲地點。這些臺戲經過不斷增修改造，一般能保留較長時間，甚至成為長久的戲臺。

《中國戲班史》中記錄了一則看戲成痴的故事，可見當時戲曲的流行和表演的高超。

明季吳縣洞庭山鄉，有樵子者，貌髯而偉，姓名不著，絕有力。髯目不知書，然好聽人談古今事，常激於義，出言辯是非，儒者無以難。嘗荷薪至演劇所，觀《精忠傳》。所謂秦檜者出，髯怒，飛躍上臺，摔檜毆，流血幾斃。眾咸驚救。髯曰：「若為丞相，奸似此，不毆殺何待？」眾曰：「此戲也，非真檜。」髯曰：「吾亦知戲，故毆，若真，膏吾斧矣！」其性剛疾惡類如此。

先秦是戲曲的萌芽期，從原始歌舞、祭祀禮儀、巫覡扮演發展而來。《書經．舜典》記載了最早的歌舞：「予擊石拊石，百獸率舞。」《呂氏春秋．古樂》對先人的歌舞進行了記載：「昔葛天氏之樂，三人操牛尾，投足以歌八闋：一曰載民，二曰玄鳥，三曰遂草木，四曰奮五穀，五曰敬天常，六曰達帝功，七曰依地德，八曰總禽獸之極。」

戲曲的發展經過了漫長的時間，到元代達到頂峰。元雜劇主要由唱曲、賓白和表演三部分組成，一般一本四折，一折戲只用一套曲子，由同一宮調的不同曲子組成，一般順序固定。元雜劇屬於北曲，主要使用琵琶等絃樂，風格豪放激昂。元雜劇一般有三種角色：末、旦、淨，而一本戲中只由一人主唱。由正末演唱的戲為「末本戲」，由正旦演唱的戲為「旦本戲」，而「科範」是用來規定動作表情以及舞臺效果的。

元雜劇與明清傳奇

元雜劇創作風起雲湧，湧現出一批成就卓著的戲劇作家和演員，「元曲四大家」有關漢卿、鄭德輝、白樸、馬致遠。《竇娥冤》、《單刀會》、《望江亭》、《倩女離魂》、《梧桐雨》、《漢宮秋》都是膾炙人口的佳作。偉大的戲劇家王實甫創作的《西廂記》被稱為「奪天下魁」，是元代戲曲成就最高的代表作。

《西廂記》中的故事源於唐元稹的《鶯鶯傳》。《鶯鶯傳》又名《會真傳》，講述了張姓書生在蒲郡普救寺救了崔鶯鶯，兩人互相愛慕，在西廂私訂終身。但後來張生參加科舉考試，從此不歸，以「大凡天之所命尤物也，不妖其身，必妖於人。予之德不足以勝妖孽，是用忍情」的理由，背棄鶯鶯。《鶯鶯傳》問世之後，不斷被改編為民間說唱文學和戲曲作品。著名的有諸宮調長篇作品《董西廂》。但由於《鶯鶯傳》中對張生道貌岸然的始亂終棄行為採取了讚揚的態度，很多讀者並不贊成這個結尾，於是在一些改編作品中，改編者將故事改為更加符合讀者期待的結尾。王實甫的《西廂記》在原始的《鶯鶯傳》和《董西廂》的基礎上進行加工，使得張生與崔鶯鶯的故事更加婉轉動人，在反對封建婚姻，追求純真愛情這一點上，得到了讀者的認同，因此無論在文學上還是戲曲表演上，都取得了巨大的成功。

戲曲到明清兩代分為雜劇和傳奇兩大類。明清傳奇與宋元南戲一脈相承。南戲是南曲戲文的簡稱，元末明初之時，出現了較為成熟的劇本《琵琶記》、《荊釵記》、《劉知遠白兔記》、《拜月亭記》、《殺狗記》等，即所謂荊、劉、拜、殺四大院本。《琵琶記》因其高度的藝術成就被稱為「南戲之祖」。《琵琶記》的前身是宋代戲文《趙貞女蔡二郎》。故事的主要內容是蔡二郎應舉考中了狀元，但他貪戀功名利祿，拋棄雙親和妻子，入贅相府。其妻趙貞女在饑荒之年，獨力支撐門戶，贍養公婆，竭盡孝道。公婆死後，她歷盡艱難，埋葬了公婆，然後身背琵琶，上京尋夫。可是蔡二郎不僅不肯認她，還放馬踩踹，致使天神震怒，蔡二郎五雷轟頂而死。

傳說戲文中的蔡二郎，就是漢代著名文士蔡邕。但這段戲文只是民間傳說。陸游在〈小舟遊近村舍舟步歸〉寫道：「斜陽古柳趙家莊，負鼓盲翁正作場。死後是非誰管得？滿村聽說蔡中郎。」可見該故事流傳之廣。《琵琶記》基本繼承了《趙貞女》的故事框架。它保留了趙貞女的「有貞有烈」，但對蔡伯喈的形象做了全面的改造，讓他成為「全忠全孝」的書生。為了終養年邁的父母，他本來並不熱衷於功名，於是辭試不從、辭官不從、辭婚不從，這「三不從」導致一連串的不幸，落得「可惜二親飢寒死，博換得孩兒名利歸」的結局。

傳奇和雜劇同為戲曲藝術，但由於發源的地區不同，在體制、唱腔、演出形式上和雜劇有許多不同。傳奇不稱「折」而稱「出」，每本戲通常有十出。萬曆之後，傳奇創作名家輩出、佳作紛呈，明代三大傳奇為《寶劍記》、《浣紗記》和《鳴鳳記》。

纏綿悱惻《牡丹亭》

《牡丹亭》是湯顯祖的代表作，也是中國戲曲史上的浪漫主義傑作。講述了杜麗娘和柳夢梅生死離合的愛情故事，洋溢著追求個人幸福、呼喚個性解放的浪漫主義理想，感人至深。杜麗娘是古典戲曲之中最動人的女性形象之一。《牡丹亭》透過杜麗娘與柳夢梅的愛情婚姻，喊出了要求個性解放、愛情自由、婚姻自主的呼聲。《牡丹亭》文辭典麗，賓白幽默，曲詞優美婉轉。明代評論家呂天成稱之「驚心動魄，且巧妙迭出，無境不新，真堪千古矣」！

《牡丹亭》自明代上演後，就吸引了無數痴男怨女為之傷心淚下，在青年女子之中造成了極大的影響，甚至有很多女子為之太過傷心而死。很多文人詩話和筆記中，都記載了關於閱讀《牡丹亭》的故事。《石間房蛾木堂隨筆》記錄了一則關於飾演杜麗娘的演員商小玲的故事。

> 杭州有女伶商小玲者，以色藝稱，於《還魂記》尤擅長。嘗有所屬意，而勢不得通，遂鬱鬱成疾。每作杜麗娘《尋夢》、《鬧殤》諸劇，真如置身其事者，纏綿淒婉，淚痕盈目。一日，演《尋夢》。唱至「待打香魂一片陰雨梅天，守得個梅根相見」，盈盈界石，隨聲倒地。春香上視之，已氣絕矣。

商小玲身為飾演杜麗娘的演員，整日出演此等纏綿悱惻的故事，再加上自己的情感並不順遂，終於在演劇之時傷心而亡。《柳亭詩話》記載：「婁江女子俞二娘，年十七，未適人，酷嗜《牡丹亭》傳奇，批註其側。幽思苦絕，有痛於本詞者，憤惋以終。」據說湯顯祖聽聞此事之後，還特地作〈哭婁江女子二首〉詩來哀悼她。

> 畫燭搖金閣，真珠泣繡窗。如何傷此曲？偏只在婁江？
>
> 何自為情死，悲傷必有神。一時文字上，天下有心人。

《牡丹亭》的讀者故事之中最纏綿悱惻的一則，根據明人筆記中的記載可知：馮小青是清萬曆年間揚州人，自小被養在青樓，後被杭州的紈絝公子馮雲將買去為妾。可是馮雲將的妻子是個「冷血妒婦」，小青進門之後，就被隔離在西湖孤山居住，不僅不能與丈夫見面，甚至缺乏與人的基本交流，除了一個監督、伺候她的老婆子外，誰也不能見。在這種孤寂的生活中，馮小青整日以讀《西廂記》、《牡丹亭》來打發日子，終日以淚洗面。她寫了一首關於自己閱讀《牡丹亭》的詩：「夜雨敲窗不忍聽，挑燈夜讀《牡丹亭》。世間也有痴如我，豈獨傷心是小青？」

小青曾請人為自己畫了張肖像，前三次她都不滿意，認為不具其神，最後一次方才成功。畫完之後，小青臨畫哀嘆道：「小青，小青！畫中人豈有汝緣份耶？」不久小青就在憂鬱中孤獨淒涼地死去了。臨死前，小青把自己梳洗得整潔乾淨，焚燒了多年的詩稿，平靜地離開了人世。在馮小青死後，有人根據馮小青的事跡，寫了一出《小青挑燈》的傳奇。

由於湯顯祖的《牡丹亭》在文壇的極大影響，很多文人創作了《牡丹亭》的續集。有《臨川夢》、《石榴記》、《夢花酣》、《後牡丹亭》等，《牡丹亭》的故事和思想獲得廣泛的共鳴，甚至達到「家傳戶誦」、「老嫗皆能道之」的效果。

《紅樓夢》第二十三回中，對《牡丹亭》為少女們開啟的「青春自傷」情緒進行了細緻的描寫，從側面展現了《牡丹亭》的魅力。

這裡林黛玉見寶玉去了，又聽見眾姊妹也不在房，自己悶悶的。正欲回房，剛走到梨香院牆角上，只聽牆內笛韻悠揚，歌聲婉轉。林黛玉便知是那十二個女孩子演習戲文呢。只是林黛玉素習不大喜看戲文，便不留心，只管往前走。偶然兩句吹到耳內，明明白白，一字不落，唱道是：「原來姹紫嫣紅開遍，似這般都付與斷井頹垣。」

林黛玉聽了，倒也十分感慨纏綿，便止住步側耳細聽，又聽唱道是：「良辰美景奈何天，賞心樂事誰家院。」聽了這兩句，不覺點頭自嘆，心下自思道：「原來戲上也有好文章。可惜世人只知看戲，未必能領略這其中的趣味。」又後悔不該胡思亂想，耽誤了聽曲子。又側耳時，只聽唱道：「則為你如花美眷，似水流年……」林黛玉聽了這兩句，不覺心動神搖。又聽道：「你在幽閨自憐」等句，亦發如痴如醉，站立不住，便一蹲身坐在一塊山子石上，細嚼「如花美眷，似水流年」八個字的滋味。忽又想起前日見古人詩中有「水流花謝兩無情」之句，再又有詞中有「流水落花春去也，天上人間」之句，又兼方才所見《西廂記》中「花落水流紅，閒愁萬種」之句，都一時想起來，匯聚在一處。仔細忖度，不覺心痛神馳，眼中落淚。

戲曲在發展過程中，借鑑了正統的詩、詞、文，以及民間歌舞、說唱技藝的成果。戲曲和小說的血緣關係尤其親密，它們在許多方面是互相借鑑和滲透的，唐宋傳奇和各種筆記小說成為古代戲曲取之不盡、用之不竭的題材寶庫。著名的如明代湯顯祖的《臨川四夢》有「三夢」是取材於唐人小說。戲曲的故事情節對小說的創作也有影響，如在

《三國演義》、《西遊記》、《水滸傳》等出現之前，在戲曲舞臺上就有大量的「三國戲」、「水滸戲」和「取經戲」上演，它們直接推動了長篇小說的誕生。李漁把小說看作是無聲的戲曲，並將自己的小說集定名為《無聲戲》。

參考書目

- 編：《漫說文化叢書——閒情樂事》，復旦大學出版社，2005年。
- 費振鐘著：《江南士風與江蘇文學》，湖南教育出版社，1995年。
- 楚流、王德、孫新編著：《閒情文化》，中國經濟出版社，1995年。
- 王敦煌著：《吃主兒》，生活．讀書．新知三聯書店，2005年。
- 李漁著：《閒情偶寄》，中國社會出版社，2005年。
- 陳傳席、劉慶華著：《精神的折射——中國山水畫與隱逸文化》，山東美術出版社，1998年。
- 祝尚書著：《心靈的絕唱——詩詞歌賦》，四川人民出版社，1996年。
- 周國平著：《閒情的分量》，陝西師範大學出版社，2010年。

參考書目

・孫濤著：《東坡拾瓦礫：蘇東坡這個人》，天津教育出版社，2008年。

・閆紅著：《她們謀生亦謀愛：誤讀秦淮八艷》，天津教育出版社，2007年。

・曹雪芹著：《紅樓夢》，嶽麓書社，1987年。

買

爽讀 APP

國家圖書館出版品預行編目資料

閒適哲學，從詩酒畫中，以閒情繹古今：詩詞歌賦 × 清談雅集 × 琴棋書畫 × 服飾裝扮 × 園林戲曲，解讀中國古代文化的多種面貌與深層意義 / 過常寶 著 . -- 第一版 . -- 臺北市：崧燁文化事業有限公司 , 2024.04
面；　公分
POD 版
ISBN 978-626-394-143-4(平裝)
1.CST: 中國文化 2.CST: 生活美學
541.262　113003434

閒適哲學，從詩酒畫中，以閒情繹古今：詩詞歌賦 × 清談雅集 × 琴棋書畫 × 服飾裝扮 × 園林戲曲，解讀中國古代文化的多種面貌與深層意義

臉書

作　　者：過常寶
發 行 人：黃振庭
出 版 者：崧燁文化事業有限公司
發 行 者：崧燁文化事業有限公司
E-mail：sonbookservice@gmail.com
粉 絲 頁：https://www.facebook.com/sonbookss/
網　　址：https://sonbook.net/
地　　址：台北市中正區重慶南路一段六十一號八樓 815 室
Rm. 815, 8F., No.61, Sec. 1, Chongqing S. Rd., Zhongzheng Dist., Taipei City 100, Taiwan
電　　話：(02) 2370-3310　　　傳　　真：(02) 2388-1990
印　　刷：京峯數位服務有限公司
律師顧問：廣華律師事務所 張珮琦律師

定　　價：299 元
發行日期：2024 年 04 月第一版
◎本書以 POD 印製
Design Assets from Freepik.com